Emil Maurmann

Die Laute der Mundart von Mülheim a. d. Ruhr

Emil Maurmann

Die Laute der Mundart von Mülheim a. d. Ruhr

ISBN/EAN: 9783744619110

Hergestellt in Europa, USA, Kanada, Australien, Japan

Cover: Foto ©Andreas Hilbeck / pixelio.de

Weitere Bücher finden Sie auf **www.hansebooks.com**

Die Laute

der

Mundart von Mülheim a. d. Ruhr.

Inaugural-Dissertation

der

philosophischen Fakultät der Universität Marburg

zur

Erlangung der philosophischen Doktorwürde

eingereicht

von

Emil Maurmann.

Sonderabdruck aus der Schrift des Verfassers: Grammatik der Mundart
von Mülheim a. d. Ruhr, Leipzig 1890.

Marburg.

1889.

Herrn

Oberlehrer August Pieper

in Mülheim a. d. Ruhr

in dankbarer Verehrung

zugeeignet.

EINLEITUNG.

§ 1. Die im Folgenden dargestellte Mundart wird in der südöstlichen Ecke des niederfränkischen Sprachgebiets in der Stadt Mülheim a. d. Ruhr und den zu dieser gehörigen Landbürgermeistereien Broich, Styrum und Heissen gesprochen. Im Süden grenzt sie unmittelbar an das Mittelfränkische, im Osten an das Westfälische. Von den niederfränkischen Mundarten der Nachbarstädte im Norden und Westen ist sie wesentlich verschieden; dagegen zeigt sie in manchen lautlichen Erscheinungen Übereinstimmung mit den Mundarten, die sich in südöstlicher Richtung bis nach Elberfeld oder darüber hinaus erstrecken *).

§ 2. Der Konsonantismus der mülh. Mundart steht durchaus auf niederdeutscher Lautstufe. Verschiebung hat nur in wenigen Wörtern stattgefunden, die auch sonst auf niederdeutschem Gebiet verschoben erscheinen (§ 106 Anm., § 108 Anm. 1 und § 121 Anm.); die meisten hierher gehörigen Fälle sind als Entlehnungen aus dem Hochdeutschen anzusehen. Dagegen zeigt der Vokalismus in manchen Punkten Parallelismus mit dem Hochdeutschen, vgl. z. B. die je nach der Natur der folgenden Konsonanten verschiedene Entwicklung von germ. *ai* und *au* (§ 73 ff.).

§ 3. Im Allgemeinen lässt sich sagen, dass jeder Mülheimer plattdeutsch sprechen kann. In neuerer Zeit aber hat die Reinheit der Mundart sehr unter dem Einfluss

---

*) Vgl. Wenker, Sprachatlas der Rheinprovinz nördlich der Mosel sowie des Kreises Siegen (handschriftl. auf der Universitätsbibliothek zu Marburg).

des Hochdeutschen gelitten. Nicht nur sind vielfach neben lautgesetzlich ererbten Formen nach hd. Muster plattd. Neubildungen entstanden, welche in einzelnen Fällen bereits über jene den Sieg davon getragen haben, sondern viele plattd. Wörter sind gradezu durch hd. ersetzt worden. — Um manches niederländische Wort hat der durch die in früheren Jahren blühende Ruhrschiffahrt vermittelte rege Verkehr mit Holland den Sprachschatz bereichert.

§ 4. Der folgenden Darstellung liegt zunächst die Stadtmundart zu Grunde. Charakteristisch ist für dieselbe die Abwerfung des *n* in unbetonten End- und Flexionssilben, welches auf dem Lande allgemein erhalten bleibt. Sonst ist die Mundart durchweg einheitlich, wobei jedoch zu berücksichtigen bleibt, dass an den Grenzen die Nachbarmundarten in einzelnen Punkten eingewirkt haben mögen.

§ 5. Gedruckte Sprachdenkmäler aus älterer Zeit liegen nicht vor; einzelne Urkunden enthält das Archiv zu Düsseldorf. Von neuerer Litteratur ist zu erwähnen H. K(ühne) vam Hingberg »Ut auler un neier Tied« Leipzig 1872, mit wertloser lautlicher Einleitung, sowie desselben Verfassers »Schloss Broich un sin Vöartied« Mülheim 1875. Auch Firmenich, Völkerstimmen I, 413, bringt ein Gedicht in unserer Mundart zum Abdruck.

LAUTLEHRE.

Teil I.
Phonetische Darstellung der Laute.

I. Allgemeines.

1. Normallage der Sprechwerkzeuge.

§ 6. Beim ruhigen Atmen liegen die Lippen fest aufeinander, die oberen Schneidezähne vor den unteren und die Zungenspitze hinter den vorderen Alveolen der Oberzähne. Beim Sprechen macht sich eine Neigung der Zunge zum Zurückziehen und Verbreitern bemerkbar. Ihre Artikulation ist träge und langsam, daher z. B. der Ausfall von *d* zwischen Vokalen (§ 113) und der von *r* vor Alveolaren (§ 93) sowie die Dehnung und Diphthongierung vor *nd*. (§ 159). Starke Rundung der Lippen ist nicht gebräuchlich; ebensowenig findet Vorstülpung derselben statt.

2. Betonung.

§ 7. Die Stammsilbe ist exspiratorisch sehr stark betont im Gegensatz zu den sie umgebenden Neben- und Endsilben und trägt den musikalischen Hochton, in der Frage den musikalischen Tiefton. Der exspiratorische Akzent wird im Folgenden nur in zweifelhaften Fällen bezeichnet, und zwar der Hauptton durch den Akut (´), der Nebenton durch den Gravis (`), z. B. *minèxtǫx* verächtlich. Die musikalische Betonung bleibt im Allgemeinen, weil selbstverständlich, desgleichen unbezeichnet, bis auf die Fälle zirkumflektierter Betonung (§ 9).

§ 8. Der ausserordentlich stark auf die Stammsilbe gerichtete exspiratorische Akzent hat in hohem Masse die Formenbildung beeinflusst. Auf ihm beruht die Dehnung der kurzen Vokale in offener Silbe (§ 126), die Schwächung der Vokale der Nebensilben (§ 84), Synkope und Apokope von unbetontem *e* (§ 84). Bei letzterer nun trat eine interessante Erscheinung ein, welche für die meisten rheinischen Mundarten charakteristisch ist. Vielfach nämlich wurde der durch den Aus- oder Abfall dieses *e* bewirkte Verlust einer Silbe dadurch aufgewogen, dass die Stammsilbe zirkumflektierte Betonung erhielt*).

§ 9. Das Wesen der zirkumflektierten Betonung besteht darin, dass die Stimme »von einem hochgegriffenen, scheinbar stark hervorgehobenen, schnell verlassenen Anfangstone zu einem tief gelegenen Endton entschlossen hinabspringt«. Das Intervall zwischen diesen beiden Tönen entspricht dem Unterschied der Tonhöhen einer betonten Stammsilbe und einer unbetonten Folgesilbe. In stark hervorgehobenen Wörtern beträgt es eine Quart oder Quinte; im Zusammenhang der Rede ist es gewöhnlich geringer. Eine zirkumflektiert betonte Silbe vereinigt exspiratorischen Haupt- und Nebenton in sich; der erste Exspirationsgipfel ist stets stärker betont als der zweite. Der Übergang zwischen den beiden Exspirationsgipfeln ist ein unmittelbarer: Kehlkopfverschluss findet niemals statt. Bezeichnet wird der musikalische Hochton mit (·), der musikalische Tiefton mit (.).

§ 10. Die zirkumflektierten langen Vokale vereinigen beide Exspirationsgipfel in sich, z. B. *ɔ̂:t* Rat. Vor silbenschliessendem *ɔ* stellt sich vielfach ein unbestimmter Gleitlaut ein, dessen Artikulation und Klang durch den voraufgehenden Vokal bedingt wird, und der im Folgenden gleichmässig durch *ɐ* bezeichnet ist, z. B. *ɛṷ·ɐˌɔ* wahr.

---

*) Vgl. zu den folgenden §§ NÖRRENBERG, Beitr. IX, 402 ff. DIEDERICHS, Unsere Selbst- und Schmelzlaute (auch die englischen) in neuem Lichte, oder Dehnung und Brechung als solche und letztere als Verräterin alltäglicher, vorzeitlicher und vorgeschichtlicher Wortwandlungen. Strassburg, 1886. NÖRRENBERG, Anz. f. deutsches Alt. XII, 376 ff.

Nur nach *ā* ist er kaum oder gar nicht wahrnehmbar, weil hier die Lage der Zunge von der beim *ɒ* zu wenig abweicht; daher schreibe ich z. B. *ɒā:ɒ* selten. Sonst geht vor folgendem *ꝗ* die Zirkumflexion verloren, wobei der lange Vokal zur Halblänge verkürzt wird (§ 147). Die gleiche musikalische Betonung übernimmt ja jetzt das zweisilbige Wort (§ 9), z. B. *ɒŏ:t* Rat, aber *ɒŏ̈ꝗ* raten.

§ 11. Bei den Diphthongen — ausser *i·ꝗ.*, *u·ꝗ.*, *y·ꝗ.* — fällt der zweite Exspirationsgipfel dem zweiten Komponenten zu, der dabei stets kurz erscheint, z. B. *fɒɔ·u.* Frau. Vor folgendem *ꝗ* geht die Zirkumflexion verloren; der zweite Komponent erscheint alsdann überkurz, z. B. *kɒɛ·i.* Krähe, *kɒɛįꝗ* krähen. Bei *i·ꝗ.*, *u·ꝗ.*, *y·ꝗ.*, deren erster Komponent bei nicht zirkumflektierter Betonung lang ist — *īꝗ, ūꝗ, ȳꝗ* —, findet die Tonsenkung beim Übergang zum zweiten Komponenten statt; der erste Komponent erscheint halblang, z. B. *kli·ꝗ.* Klee. Vor *ɒ* wird *ꝗ* zu *ꝗ*, z. B. *ši·ꝗ.ɒ* Schere. Ein folgendes *ꝗ* hebt die Zirkumflexion nicht auf, sondern geht in dem *ꝗ* auf, z. B. *du·ꝗ.t* tot, *du·ꝗ.* Tote.

§ 12. Bei den kurzen Vokalen + Liquida oder Nasalis fällt der zweite Exspirationsgipfel der letzteren zu, die in diesem Falle stets überkurz erscheint, z. B. *su·n.* Sonne.

§ 13. Diese zirkumflektierte Betonung ist an die Bedingung der Synkope oder Apokope eines unbetonten *e* geknüpft. Bei der Synkope ist jedoch zu beachten, dass die Silbe kein *ɒ, l, m, n, ꞃ* enthalten durfte, da hier *e* nicht wegfiel, sondern *ɒɒ, ɒl* u. s. w. erscheint. Zirkumflexion tritt ein: 1) bei kurzem Vokal, wenn auf denselben Liquida oder Nasalis + stimmhaftem Konsonant oder geminierte Liquida oder Nasalis folgte, z. B. *be·ɒ.x* Berge, *he·l.s* Hälse, *la·ꞃ.* lange, *he·l.* Hölle, *ka·ɒ.* Karre, *šti·m.* Stimme, *tu·n.* Tonne. 2) bei langen Vokalen — ursprünglich langen und in offener Silbe gedehnten — und Diphthongen, wenn auf dieselben ein stimmhafter Konsonant folgte, oder wenn sich das *e* unmittelbar anschloss, z. B. *du·:f* Taube, *sê:x* Säge, *ŏ·u.x* Auge, *zɒā:t* gerade, *klɔ·u.* Klaue, *kɒɛ·i.* Krähe.

§ 14. Zirkumflektierte Betonung tritt ferner ein, wenn ein *d* zwischen Vokalen, auf welches *el, eʒ, em, eɳ, eɳ* folgte, ausfiel, wodurch die beiden Silben zu einer verschmolzen, z. B. *kĭːl* Kittel, *fḗ·ʒ.ɔ* Feder, *lḗ·ʒ.ɔ* Leder, *fāːm* Faden, *švāːm* Schwaden, *bóːm* Boden, *xūːzdax* (mndd. *gudensdach*) Mittwoch. — Das auslautende *en* in Flexionsformen hat sich, wie das ihm in der Stadtmundart entsprechende *ʒ*, als Silbe erhalten.

§ 15. Spontan tritt zirkumflektierte Betonung ein bei allen von Alters her weiten Vokalen, und zwar den Vertretern von wgerm. *ā* (> mülh. *óː*, *ỗː*, *éː*), *ō* (> mülh. *ūː*, *ȳː*) und *ē* (> mülh. *īː*), sowie bei den monophthongierten Vertretern von *aŭ* (> mhd. *ó*, *ǽ*, mülh. *ŭ·ʒ*, *ŷ·ʒ*), *aĭ* (> mhd. *é*, mülh. *ï·ʒ*) und *ëŏ* (> mhd. *ie*, mülh. *īː*), z. B. *šlóːp* Schlaf, *šlỗːpʒɔ* Schläfer, *féːlʒ* fehlen, *hūːt* Hut, *sȳːkʒ* suchen, *kīːn* Kien, *dŭ·ʒ.t* tot, *tʒŷ·ʒ.stʒ* trösten, *šnï·ʒ*. Schnee, *līːt* Lied.

Anm. 1. Bisweilen sind diese Verhältnisse durch Analogiewirkungen zerstört. So haben sich alle einsilbigen Infinitive nach *sĭn* sein gerichtet und erscheinen deshalb nicht zirkumflektiert: *dūn* thun, *štón* stehen, *šlón* schlagen, *sĭn* sehen u. s. w.; *blūːm* Blume ist lautgesetzlich, aber nach dem Muster von *tāːl* Zahl: pl. *tāłʒ, séːx* Säge: pl. *séyʒ* u. ähnl., in denen im Singular die zirkumflektierte Betonung durch den Abfall des auslautenden *e* bedingt war, bildete man den Plural *blŭmʒ* und dergl. mehr.

Anm. 2. Alles bisher über zirkumflektierte Betonung Gesagte gilt im Grossen und Ganzen auch für die Aussprache des Nhd. in unserer Gegend.

3. Dauer.

§ 16. Einen Unterschied zwischen langen und überlangen Vokalen, wie ihn Sievers Phonetik ³, § 28 für die nhd. Bühnensprache feststellt, kennt unsere Mundart nicht; unsere langen Vokale werden, gleichviel ob in geschlossener oder offener Silbe stehend, gleichmässig gedehnt gesprochen. Wir unterscheiden bei den Vokalen vier Dauergrade: Überkürze, Kürze, Halblänge, Länge. Erstere wird durch untergesetztes ˏ (*ʒ*), die zweite gar nicht (*i*, *ĭ*), die dritte durch übergesetzten Punkt (*á*, *ĕ*, *ï*, *ĩ*), die letzte bei den weiten Vokalen durch

übergesetzten Strich (*e*), bei den engen durch übergesetztes
ˆ (*é*) bezeichnet.

§ 17. Bei den Konsonanten haben wir nur zwischen
Überkürze und Kürze zu unterscheiden. Erstere bleibt un-
bezeichnet, letztere wird durch untergesetztes ₒ (*ŋ*) bezeichnet.
Kurz sind nach betontem kurzen Vokal die Liquiden und
Nasale im Auslaut und als erste Glieder von Konsonanten-
verbindungen, z. B. *kaḷ* Rede, *miŋś* Mensch; da dies jedoch
nur in stark betonten Wörtern der Fall ist, so wird im Folgenden
diese Kürze nicht bezeichnet. Alle anderen Konsonanten sind
halbkurz. Gelegentlich entstehen kurze Konsonanten, wenn
in der Komposition der Auslaut des ersten Wortes mit dem
Anlaut des zweiten vollständig gleich ist, z. B. *pák̆ăm*ₑᵥ
Packkammer. Im Zusammenhang der Rede werden dieselben
jedoch meist überkurz gesprochen.

4. Ein- und Absatz.

§ 18. Wie die nhd. Bühnensprache verwendet unsere
Mundart vor vokalisch anlautenden Wörtern den Kehlkopf-
verschlusslaut, soweit dieselben nicht mit einem Hauche (*h*)
eingesetzt werden. Im Zusammenhang der Rede jedoch geht
derselbe, wenn nicht eine Pause vorhergeht, regelmässig
verloren.

§ 19. Alle Konsonanten werden mit offener Stimmritze
eingesetzt. Vor betontem Vokal werden die stimmlosen Ver-
schlusslaute ausser in den Verbindungen *šp*, *št* mit schwach
gehauchtem Absatz gesprochen. Ebenso werden sie im Aus-
laut mit einem schwachen Hauch abgesetzt. Dieser Hauch
wird, da er je nach der Stärke des exspiratorischen Akzents
verschieden stark abgestuft ist (BREMER, Phonetik § 79), im
Folgenden unbezeichnet gelassen.

Der gehauchte Einsatz der Vokale wird mit *h* be-
zeichnet, der Kehlkopfverschlusslaut, weil selbstverständlich,
unbezeichnet gelassen, z. B. *ek* Ecke, *hek* Hecke.

5. Fortis und Lenis.

§ 20. Alle Konsonanten können je nach der Stärke der
Exspiration einerseits und der festeren oder loseren Art des

Verschlusses und der Reibung andererseits fortis oder lenis sein. Indem ich im Übrigen auf BREMER, Phonetik § 80 ff. verweise, bemerke ich, dass ich im Folgenden diese Unterschiede nicht besonders bezeichne, dass aber jeder Konsonant nach betontem kurzen Vokal fortis, nach langem Vokal oder Diphthong lenis gesprochen wird.

6. Silbentrennung.

§ 21. 1. Eine Lenis zwischen zwei Vokalen gehört zur folgenden Silbe; bei einer Fortis fällt die Silbengrenze in diese. 2. Von zwei Konsonanten zwischen Vokalen gehört der erste zur ersten, der zweite zur zweiten Silbe. Doch werden die Verbindungen Verschlusslaut oder Reibelaut + Liquida oder Nasal nach langen Vokalen oder Diphthongen auch zur zweiten Silbe gezogen. 3. Von drei oder mehr Konsonanten werden die letzten, sofern sie gebräuchliche anlautfähige Verbindungen bilden, zur folgenden Silbe gezogen.

II. Die Vokale.

§ 22. Die in der mülh. Mundart vorkommenden Vokale lassen sich in Bezug auf ihre Artikulation folgendermassen darstellen:

	hintere Rachenwand.	hinterer weicher	vorderer Gaumen.	hinterer harter	mittlerer Gaumen.
vollständige Lippenöffnung	a			(ε) e ĕ	i ĭ
mittlere Lippenöffnung		(ɔ) o ŏ	u ŭ	(ɔ) ø ȍ	y ẙ
	Zungenwurzel		Hinterzunge		

§ 23. In vorstehender Tabelle bezeichnet der erstere Buchstabe die weite, der letztere die enge Artikulation. Die in Klammern stehenden ε, ɔ und ə sind überweit und

kommen nur in den Diphthongen ϵi, $\jmath u$ und $\jmath y$ vor. Sonst
kommen sämtliche Vokale sowohl kurz als lang und ausser
e, o, θ auch halblang vor, überkurz nur q, i, $\breve{\imath}$, u, $\breve{u}$, y, $\breve{y}$.

§ 24. Bei der Bildung des a wird die Zungenwurzel
gegen die hintere Rachenwand zurückgezogen, während die
Lippen eine ovale Öffnung bilden.

§ 25. Bei den Weichgaumenvokalen sind die Lippen
nicht vorgeschoben, sondern liegen aufeinander und bilden
in der Mitte eine kleine Öffnung, die bei $\breve{u}$ am kleinsten
ist, bei u, $\breve{o}$, o, $\jmath$ wegen der zunehmenden Entfernung der
Kiefer von einander aber sich langsam vergrössert. Der
Lippenstellung eines Weichgaumenvokals entspricht genau
diejenige des zugehörigen Hartgaumenvokals mittlerer Lippen-
öffnung.

§ 26. Bei den anderen Hartgaumenvokalen sind die
Lippen nicht zurückgezogen, sondern bilden eine schmale
Längsöffnung, die bei $\breve{\imath}$ am schmalsten ist, bei i, $\breve{e}$, e, ϵ
wegen der zunehmenden Entfernung der Kiefer von ein-
ander aber sich langsam verbreitert.

§ 27. Sämtliche vollständig geöffneten Hartgaumen-
vokale werden im Gegensatz zu denen mittlerer Öffnung so
gesprochen, dass bei ihnen die ganze Hinterzunge, nicht,
wie dort, nur deren mittlerer Teil gegen den harten Gaumen
emporgehoben wird.

§ 28. i, u, y, sowie $\bar{\imath}$, $\bar{u}$, $\bar{y}$ werden sehr weit gebildet
und stehen dem $\breve{e}$, $\breve{o}$, $\breve{o}$, und $\acute{e}$, $\acute{o}$, $\grave{o}$ akustisch viel näher
als dem $\breve{\imath}$, $\breve{u}$, $\breve{y}$, bez. $\imath$, $\breve{u}$, $\breve{y}$.

§ 29. Mit $\jmath$ bezeichne ich den akustisch sehr schwach
klingenden Laut, der bei Indifferenzlage der Zunge gebildet
wird. Derselbe ist immer überkurz. Im Inlaut wird die
Zungenartikulation desselben bisweilen durch die benach-
barten Laute bedingt (§ 10).

III. Die Diphthonge.

§ 30. Unsere Mundart besitzt folgende Diphthonge: 1) Diphthonge, bestehend aus 2 Kürzen: *ei̯, ou̯, əy̆,* *ĕi̯, ŏu, ŏy, ĭi, ŭŭ, y̆ў.*

2) Diphthonge, bestehend aus Länge und Überkürze: *īə̯, ūə̯, ῡə̯.*

3) Zirkumflektierte Diphthonge, bestehend aus Halblänge und Überkürze: *i˙ə̯., u˙ə̯., y˙ə̯., ï˙ə̯., u̇˙ə̯., y̆˙ə̯.; ĭ˙ə̯., ŭ˙ə̯., ў˙ə̯., ĕ˙ə̯., ŏ˙ə̯., ə̆˙ə̯.*.

In den unter 1) genannten Diphthongen erscheint vor folgendem Vokal die zweite Kürze als Überkürze, also *ei̯* u. s. w. (§ 148). Die zirkumflektierten Diphthonge, deren erster Komponent enge Halblänge und deren zweiter Komponent *ə̯* ist, sind Vertreter eines langen Vokals vor silbenschliessendem *ə̯* (§ 10).

§ 31. Die unter 1) genannten Diphthonge werden wie die nicht zirkumflektiert betonten langen Vokale im absoluten Auslaut lang gedehnt gesprochen. Diese Dehnung ist im Folgenden unberücksichtigt gelassen.

IV. Die Konsonanten.

§ 32. Das Konsonantensystem unserer Mundart ist folgendes:

	Zäpf-chen	vorder. weicher Gaumen	mittler. harter Gaumen	Alveolen	Ober-zähne	Ober-lippe
Verschlusslaute		k g		t d		p b
Reibelaute		x γ	- ĵ	s s̈; z ł	f v	φ -
Nasenlaute mit vorderem Verschluss		- ŋ		- n		- m
LateraleReibelaute m vorderemVerschluss				- l		
Zitterlaute	- ə̯					

| Hinterzunge | Vorder-zunge | Unterlippe |

Der erstgenannte Buchstabe bezeichnet den stimmlosen, der zweite den stimmhaften Laut.

Ausserdem kennt unsere Mundart den Kehlkopfverschlusslaut und den Hauchlaut (§ 18 f.).

§ 33. Das *ᴣ* wird durch Schwingen des Zäpfchens in einer hinter der Hinterzunge gebildeten Rinne hervorgebracht. Vielfach aber wird die Zunge soweit zurückgezogen, dass die Rinne vollständig verflacht wird. Das *ᴣ* bekommt dann einen kratzenden Charakter.

§ 34. *k*, *g*, *x*, *γ*, *ŋ* werden am vordersten Teile des weichen Gaumens gebildet. Nach Hartgaumenvokalen wird die Enge bez. der Verschluss etwas nach vorn verschoben, bis zur Grenze zwischen weichem und hartem Gaumen oder bis zum hintersten Teile des letzteren. Der akustische Eindruck ist in beiden Fällen derselbe.

§ 35. *j* wird mouilliert gebildet. Das Reibungsgeräusch ist besonders kräftig. Die Lippen bilden eine rundliche Öffnung. Bisweilen wird die Vorderzunge so sehr den Alveolen genähert, dass ein *ž* entsteht.

§ 36. *t*, *d*, *s*, *z*, *n*, *l* werden an den vorderen, *š*, *ž* an den mittleren Alveolen gebildet. Bei *s*, *z* bilden die Lippen eine Längsöffnung, bei *š*, *ž* liegen sie aufeinander und lassen nur in der Mitte eine ovale Öffnung frei. Bei *š*, *ž* wird an dem hinteren harten Gaumen eine reduzierte Reibeenge gebildet. Der Luftstrom entweicht in der Richtung auf den rechten Eckzahn und den neben liegenden Schneidezahn. Ebenso wird beim *l* an dem hinteren harten Gaumen eine Enge gebildet. Der Luftstrom entweicht nur an der rechten Seite.

§ 37. *φ* kommt nur in den Verbindungen *kφ*, *tφ*, *šφ* vor, z. B. *kφetšᴣ*, Zwetsche, *tφas* quer, *šφat* schwarz.

Teil II.

Geschichtliche Darstellung der Laute.

I. Vokale.

A. Die Vokale der Stammsilben.

1. Kurze Vokale.

Wgerm. *a.*

§ 38. *a* in geschlossener Silbe > *a*, z. B. *fan* (andd. *fan*) von, *sal* (andd. *sal*) soll, *tɔapɀ* (mndd. *trappe*) Treppe, *šnakɀ* f. Peitsche, *štɔaks* (mndd. *strackes*) nächstens, *kalɀ* (mndd. *kallen*) reden, *kal* m. Rede, *laŋɀs* (mndd. *langes*) längs, vorbei, *jaŋkɀ* (mndd. *janken*) weinen, *jalpɀ* (ags. *gealpian*) heulen, *šɔaŋkɀlɀ* (mndd. *schrankeln*) beim Gehen die Füsse über die Erde ziehen, *sakɀ* (mndd. *sacken*) sinken, *šnapɀ* (mndd. *snappen*) greifen, fangen, *šlabɀɔɀ* (ne. *to slabber*) vergiessen, verschütten, *takɀ* m. (mndd. *tacke*) Zweig, *vakɔɀx* (mndd. *wacker*) wach, *axtɀɔ* (andd. *aftar*) hinter, *vaxtɀ* (mndd. *wachten*) warten, *šmax* m. (md. *smacht*) Hunger, *fas* (andd. *fasto*) fest.

Anm. *a* ist zu *o* verdumpft in *ox* ach.

§ 39. *a* in offener Silbe > *ā*, z. B. *xāpɀ* gähnen (§ 129); *a* vor *nd, nt, mb, mp, ld, lt* > *ou*, z. B. *šmɔunt* Milchrahm (§ 160); *a* + *r* vor Alveolar > *ā*, z. B. *xādɀ* Garten (§ 138); *a* + *x* vor *s* > *ā*, z. B. *vāsɀ* wachsen (§ 144).

e, d. i. *i*-Umlaut von wgerm. *a.*

§ 40. *e* in geschlossener Silbe > *e*, z. B. *heˑl.* (andd. *hellia*) Hölle, *mets* (andd. *mezas*) Messer, *hemdɀ* Hemd, *hevɀ* (andd. *hebbian*) haben, *seɣ₂* (andd. *seggian*) sagen, *leɣ₂* (andd. *leggian*) legen, *tel₂* (andd. *tellian*) zählen, *šep₂* (andd. *sceppian*) schöpfen, *šep* n. Schöpfgefäss, *šel₂* (mndd. *schellen*) schäleu, *klem₂* (andd. *clemmian*) 1. klemmen, 2. stehlen. *xₐvén₂* (ahd. *givennan*) gewöhnen, *xₐvénd₂* f. Gewohnheit, *mem* f. Frauenbrust, *ₐep₂* (nndl. *reppen*) regen, rühren, *klep₂* (mndd. *kleppen*) die Glocke mit dem Klöppel anschlagen, *pens* m. (nndl. *pens*) Wanst, *feₐk₂* n. (mndd. *verken*) Schwein, *heₐk₂* f. (nndl. *hark*) Rechen, *minèxtₐx* verächtlich, *tₐextₐₒ* (mndd. *trechter*) Trichter, *ₐest₂* (andd. *restian*) ausruhen, *lest₂* letzte, *fleš₂* (mhd. *vlesche*) Flasche.

§ 41. *e* in offener Silbe > *é*, z. B. *lép₂l* Löffel (§ 130); *e* vor *nd*, *nt*, *mb*, *mp* > *ei*, z. B. *keim₂* kümmen (§ 161); *e* + *r* vor Alveolar > *ē*, z. B. *pēt* Pferd (§ 139); *e* vor *n*, *ŋ* > *i*, z. B. *minš* Mensch (§ 174).

Wgerm. *ĕ*.

§ 42. *ĕ* in geschlossener Silbe > *e*, z. B. *beₐx* Berg, *fel* Fell, *hel* hell, *help₂* helfen, *šteₐv₂* sterben, *melm* m. (andd. *mëlm*) Staub, *špek* (ags. *spic*, ahd. *spëk*) Speck, *lek₂* (andd. *likkón*, ahd. *lëkkón*) lecken, *ₐex* recht, *flext₂* flechten, *net* (frz. *net*) schön.

Anm. *š* ist zu *i* geworden in *zil₂* (andd. *gëldan*) gelten.

§ 43. *ĕ* in offener Silbe > *é*, z. B. *léz₂* lesen (§ 131); *ĕ* vor *ld*, *lt* > *ei*, z. B. *ₐeilt* Geld (§ 163); *ĕ* + *r* vor Alveolar > *ē*, z. B. *ₐed₂* werden (§ 139), oder > *a*, z. B. *hat₂* Herz (§ 171); *ĕ* + *x* vor *s* > *ē*, z. B. *sēs* sechs (§ 144).

Wgerm. *ĭ*.

§ 44. *ĭ* in geschlossener Silbe > *i*, z. B. *ik* ich, *zit* (andd. *git*) ihr, *iŋk* (andd. *ink*) euch, *vil₂* (mndd. *willen*) wollen, *liɣ₂* (andd. *liggian*) liegen, *sit₂* (andd. *sittian*) sitzen, *mid₂* (andd. *middia*) Mitte, *bid₂* (andd. *biddian*) bitten, *šmit₂* f. (ags. *smiþþe*) Schmiede, *šlip₂* f. (mndd. *slippe*) Schoss, *kₐiŋk* m. (mndd. *krink*) Kreis, *mik₂* m. (mndd. *micke*) Art Weissbrot, *hik₂* auf einem Beine hüpfen, *bₐits₂l* (ahd. *brizzila*) Bretzel, *štiks* (ahd. *stëcchal*) steil, *bₐil* m. 1. Brille, 2. Sitzbrett eines Abtritts, *mis* m. (mhd.

mist) Mist, *mistą* f. (mndd. *miste*) Düngergrube, *mis* (nndl.
mis) Messe, *nis* (andd. **nist*) Nest.

Anm. ĭ > e in *ĭçemą* (andd. *swimman*, mndd. mndl. *swemmen*)
schwimmen (vgl FRANCK, Mndl. Gr., § 71), *we'n*. f. Dachrinne.

§ 45. Eine Reihe von Wörtern weisen enges ĭ auf, z. B.
ūpą (ne. *to tip*) anrühren, *dĭk* dick, *vĭt* (mndd. *wit*) weiss,
vĭtą tünchen, *vĭpkąs* Possen, *vĭpsą* Wespe, *štĭpąl* m. Stütze,
knĭbąlą kleine Stückchen abbrechen, *šnĭbąlą* schnitzeln, schnei-
den (z. B. Bohnen), *xĭbąlą* lachen, *kĭtąlą* kitzeln, *hĭpą* f. Ziege,
štĭp m. Punkt, *kĭstą* Kiste, *kĭsfät* n. Sarg, *kĭtš* f. 1. Samen-
gehäuse der Äpfel, 2. Polizeigewahrsam, *nĭks* nichts, *xĭstąv*
(mndl. *ghisteren*) gestern.

§ 46. ĭ in offener Silbe > i, z. B. *nīγą* neun (§ 132);
ĭ vor *nd, nt, mb, mp, ld, lt* > iĭ, z. B. *bĭĭną* binden (§ 164);
ĭ vor *m* > y, z. B. *ym* ihm (§ 175).

Wgerm. ŏ.

§ 47. ŏ in geschlossener Silbe > o, z. B. *štok* Stock,
vok Rock, *kovf* Korb, *sovγą* sorgen, *bvoką* Brocken, *movγą*
morgen, *kloką* f. (mndd. *klocke*) 1. Glocke, 2. Uhr, *šnovką*
(nndl. *snorken*) schnarchen, *of* (mndd. *of*) oder, *šokąl* Schau-
kel, *doxtąv* Tochter, *štof* (mndl. *stof*) Staub.

§ 48. ŏ vor *l, p, t, s* > ö, z. B. *döl* toll, *bölą* rollen,
vö·l. Rolle, *fölk* Volk, *völką* Wolke, *föl* (mhd. *vol*, mndd.
vul) voll, *völf* (mhd. *wolf*, mndd. *wulf*), *vö·l*. (mhd. *wolle*,
mndd. *wulle*) Wolle, *klöpą* klopfen, *döpą* m. (mndd. *doppe*)
Kreisel, *šöpą* Schoppen, *möpą* Moppen, *štöpą* stopfen, stecken,
köp Kopf, *pöt* m. (mndd. *pot*) Topf, *löt* (ags. *hlot*) Lotterie-
los, *pös* Post, *kös* Kost, *köstą* kosten, *lös* (nndl. *los*) los, sowie
in *xvöšą* Groschen.

Anm. Da nach § 55 vor *l* auch ŭ zu ö werden kann, so lässt
sich in zweifelhaften Fällen nicht entscheiden, ob ö auf ŏ oder ŭ zu-
rückgeht.

§ 49. ŏ in offener Silbe > ó, z. B. *pótą* pflanzen (§ 133);
ŏ vor *ld, lt* > öu, z. B. *hŏult* Holz (§ 165); ŏ + *r* vor Alveolar
> ō, z. B. *pōtą* n. Thor (§ 140); ŏ + *x* vor *s* > ó, z. B. *ósą*
Ochse (§ 144).

ŏ̈, d. i. *ĭ*-Umlaut von wgerm. *ŏ*.

§ 50.
ö in geschlossener Silbe > *ɵ*, z. B. *ɵɽʒl* Orgel, *sɵkɽ* Socken, *ɬtɵkɽɔ* Stöcke, *klɵkskɽ* kleine Uhr, *kɵ·ɔ̣f* Körbe, *kɔɵxɽ* (mndd. *krochen*) husten, *krɵx* m. Husten. — *dɵɔp* Dorf.

§ 51.
ŏ vor *l*, *p*, *t* > *ŏ̈*, z. B. *sŏ̈lɽ* sollen, *vŏ̈lɽ* von Wolle, *ɔŏ·l.ɬɽ* Röllchen, *kŏpkɽ* n. Tasse, *pŏ̈tɬɽ* Töpfchen, *kɔŏpɽɔ* m. Kropftaube.

§ 52.
ŏ in offener Silbe > *ɵ̂*, z. B. *xɵ̂tɽ* Gosse (§ 134); *ɵ* vor *ld*, *lt* > *ŏy*, z. B. *hŏyltɽ* hölzern (§ 166); *ɵ* + *r* vor Alveolar > *ȫ*, z. B. *hɵ̂nɽɔ* Hörner (§ 141).

Wgerm. *ŭ*.

§ 53.
ŭ in geschlossener Silbe > *u*, z. B. *mut* m. (mndd. *mudde*) Schlamm, Morast, *but* (mndd. *but*) grob, *fut* f. Arsch (vgl. DW. 4, I, 363 s. v. *fud*; Morph. Unt. IV, 100), *buk* (ags. *bucca*) Bock, *bluk* Block, *mutɽ* (mndd. *mutte*) Motte, *kupɽɔ* Kupfer, *ɬtutɽɔɔ* (ne. *to stutter*) stottern, *su·n*. Sonne, *tu·n*. Tonne, *nu·n*. Nonne, *tu·ŋ*. Zunge, *tɔu·m*. Trommel, *fɔum* fromm.

Anm. Jedes hochd. *ɵ* vor Nasal wird mundartlich zu *u*, z. B. *Bu·n*. Bonn, *baɔú·n*. Baron, da es im Hd. unserer Gegend *baɔɔ́·n*. heisst, *kanú·n*. Kanone.

§ 54.
ŭ in geschlossener Silbe > *ŭ*, z. B. *pŭ·l*. Flasche, *fŭlɽk* Schimpfname, *dŭbɽlt* doppelt, *hŭbɽl* Hobel, *mŭts* f. kurze irdene Pfeife, *ɔŭbɽlɽx* uneben, rauh, *ɬtŭp* stumpf, *ɬnŭpɽ* schnupfen.

§ 55.
In einigen Wörtern geht *ŭ* vor *l*, *p*, *t* in *ŏ* über (vgl. § 48), z. B. *pŏlɽɔ* Pulver, *ŏp* (andd. *up*) auf, *pŏpɽ* Puppe, *tɔŏp* Trupp, *kapŏt* entzwei, zer-.

§ 56.
ŭ in offener Silbe > *ū*, z. B. *fūɣɽl* Vogel (§ 135); *u* vor *nd*, *nt*, *mb*, *mp*, *ld*, *lt* > *uŭ*, z. B. *huŭnt* Hund (§ 167); *u* vor *r*-Verbindungen > *o*, z. B. *poɔɽ* stochern (§ 172); *u* + *r* vor Alveolar > *ō*, z. B. *dōs* Durst (§ 142).

y̆, d. i. *ĭ*-Umlaut von wgerm. *ŭ*.

§ 57.
y̆ in geschlossener Silbe > *y*, z. B. *ɬypɽ* f. (mndd. *schuppe*) Spaten, *dypɽ* n. (mndd. *duppe*) Topf, *flyk* (mhd. *vlücke*) schnell, *ɬydɽ* (mndd. *schudden*) schütten, schütteln, *ɬyt* n. (mndd. *schutte*) Vorrichtung zum Stauen des Wassers,

2*

plykₐ (mndd. *plucken*) pflücken, *dykₑs* (mndd. *ducke*) oft,
kynₐ können, *zynₐ* gönnen, *pyŋₐl* m. (mndd. *punge*) Bündel,
klyŋₐl m. Lumpen, *dyŋkₐ* dünken, *sys* (andd. *sus*) sonst,
ўmsўs umsonst, *myłₐ* f. (andd. *musca*) Sperling, *tyłₐ* (mndd.
tuschen) zwischen, *systₐъ* (mndd. *suster*) Schwester. *ў* erscheint
u. a. in *łtўbₐ* abschneiden, *łnўpₐъ* naschhafter Mensch.

§ 58. In einigen Wörtern geht *ў* vor *l*, *p*, *t* in *ö̆* über
(vgl. § 51), z. B. *mö̆l* m. (mndl. *mul*) Kehricht, *kъö̆lₐx* (mndl.
krullig) lockig, *hö̆lp* (mndd. *hulpe*) Hülfe, *pö̆·l.f* m. (mhd.
pfülwe) Pfühl, *Mö̆·l.m* Mülheim, *knö̆p* m. (mndd. *knup*)
Knoten, *klö̆pₐl* m. (mndd. *kluppel*) Knittel, *pö̆t* m. (mndd.
put) Brunnen, *hö̆tₐ* f. Hütte, Ecke, *dъö̆t̄n* (mndd. *druttein*)
dreizehn.

§ 59. *ў* in offener Silbe > *ȳ*, z. B. *mȳgₐ* mögen (§ 136);
y vor *nd*, *nt*, *mb*, *mp*, *ld*, *lt* > *yў*, z. B. *vyўnₐъₐ* wundern
(§ 168); *y* vor *r*-Verbindungen > *ø*, z. B. *døъrₐ* dürfen (§ 173);
y + *r* vor Alveolar > *ø̄*, z. B. *tø̄:n* Türme (§ 143).

2. Lange Vokale.

Wgerm. *ā*.

§ 60. *ā* > *ó*:, z. B. *dъó:t* Draht, *kъó:m* Kram, *blò:zₐ*
blasen, *fъó:γₐ* fragen, *ló:tₐ* lassen, *mò:lₐ* malen, *mò:n* (andd.
māno) Mond, *mò:tₐ* f. (mndd. *māte*) Mass, *nó*: nah, *nó:bъъ*
(andd. *nābūr*) Nachbar, *nó:t* Naht, *ó:m* Atem, *ó:mₐnt* Abend,
pó:l Pfahl, *pó:s* m. (WOESTE *pās*, *pāst*) kleines Kind, *pъó:lₐ*
prahlen, *só:t* Saat, *łtъó:tₐ* Strasse, *łó:p* Schaf, *łló:p* Schlaf,
vó:γₐ wagen, *łъó:m* m. (an. *skrāma*) Strich, Riss, *tъó:n* (nndl.
traan) Tran, *dó*: da, *blȫ·ₐ.ъ* (ags. *blǣdre*) Blatter, *hȫ·ₐ.ъ*
Haar, *klȫ·ₐ.ъ* klar, fertig, bereit, *łφȫ·ₐ.ъ* (andd. *swār*) schwer,
vȫ·ₐ.ъ wahr. Ebenso entwickelte sich das durch Kontraktion
aus *aha* entstandene *ā*, z. B. *łtó:l* (ahd. *stahal*, *stāl*) Stahl,
tъónₐ (ahd. *trahan*, *trān*) Thränen (§ 15 Anm. 1.).

Anm. 1. Nicht zirkumflektiert erscheint *ó* in *zón* (ahd. *gān*) gehen,
łtón (ahd. *stān*) stehen, *łlón* (mndd. *slān*) schlagen, *zₐdón* (ahd. *gitān*)
gethan (§ 15 Anm. 1.).

Anm. 2. Auch das *ā* in Fremdwörtern ist zu *ó* geworden, z. B.
plò:γₐ plagen, *łtъó:f* Strafe, *saldó:t* Soldat, *łló:t* Salat. In folgenden
Wörtern ist das ursprünglich kurze *a* frühzeitig gedehnt und dann wie

eine alte Länge behandelt worden: *pó:źə* (mlat. *pascha*) Ostern, *plö:stȥʼ* (ahd. *phlastar*) Pflaster, *só:tȥɟdax* (ne. *Saturday*) Samstag.

Anm. 3. In den Lehnwörtern neuerer Zeit ist ā erhalten, weil zur Zeit der Entlehnung das Lautgesetz ā > ó: schon ausgewirkt hatte, z. B. *pȥā:t* fertig, *śtū:t* m Aufwand, Pracht, *śtū:tə* prächtig, *ȥā:ȥ* selten, *tā:fȥl* Tafel; *śūtsȥ* (nndl. *schaats*) Schlittschuh. Auch *xȥū:f* Graf ist hd. Lehnwort.

ó: wird vor zwischen Vokalen geschwundenem *d* zu *ŏ̈*, z. B. *ȥŏ̈ȥ* raten (§ 147).

§ 61. *āŭ̈* > *ɔu*, z. B. *xɔu* (mndl. *gauw*) schnell, *ȥɔu* (ahd. *rāwa*) 1. Ruhe, 2. Leichenschmaus, *klɔ·u*. (ahd. *klāwa*) Klaue, *lɔu* (ahd. *lāo*) lau, *póuhằnȥ* (ags. *pāwa*) Pfau, *flɔu* (nndl. *flaauw*) flau, *xȥnɔu* (nndl. *genaauw*) karg, genau, *bȥnɔ·u.t* (nndl. *benaauwd*) beengt. Der ĭ-Umlaut dieses *ɔu* ist *əy*, z. B. *ȥəyȥʼ* ruhig, *xəyȥ̂ɔ* schneller.

Anm. *blŏ·u*. blau ist die lautgesetzliche Entsprechung des Nominativs, welcher nach § 76 zu beurteilen ist, während sonst die Kasus obl. siegten.

āŭ̈ ist mit *aŭ̈* zusammengefallen (§ 80).

§ 62. *ā* > *ù·ʠ*. im Praet. Plur. der starken Verba 4. und 5. Klasse. Diese Entwicklung ging jedenfalls von *nêmȥ* nehmen und *kumȥ* kommen aus. In den Präteritalformen dieser Verba nämlich wurde früher als in anderen Fällen *ā* zu *ó:*, das mit dem aus germ. *aŭ̈* entstandenen *ó* zusammenfiel und daher die Diphthongierung zu *ù·ʠ*. mitmachte (§ 77). Nach diesen beiden Verben haben sich dann alle übrigen der 4. und 5. Kl. gerichtet. Als ĭ-Umlaut des *ù·ʠ*. erscheint auf dem Wege der Analogie neugebildetes *ý·ʠ*. z. B. *ný·ʠ.mȥ* nähmen, *vý·ȥ.ȥȥ* wären.

ĭ-Umlaut von wgerm. ā.

§ 63. Der ĭ-Umlaut von wgerm. ā ist zunächst *ē* gewesen, das sich in unserer Mundart zu *é:* entwickelt hat. Dieses *ē* ist schon andd. nach Hartgaumenlauten zu *é* geworden (vgl. andd. *kiési*, *gêvi*) und mit dem *é* aus germ. *aĭ* zusammengefallen (§ 74), erscheint daher jetzt als *i·ʠ*., z. B. *ki·ʠ.s* Käse, *ši·ʠ.pȥɔ* Schäfer, *ši·ȥ.ȥ* Schere.

§ 64. *é:* findet sich als ĭ-Umlaut von wgerm. ā nur in isolierten Formen, die kein *ó:* (< ā) mehr neben sich haben, z. B. *lé:x* (mndd. *lêge*, mhd. *lǣge*) böse, frech, *fé:lȥ* fehlen, *bȥkɸé:m* bequem.

Dagegen erscheint in allen Formen, welche unumge-
lautetes ó: neben sich haben, ein von diesem nach Analogie
des Verhältnisses von ó zu ȯ (z. B. in *slót, *slȯ̀tₐȥ §§ 133, 134)
neugebildeter Umlaut ȯ: , z. B. ó:m Atem, ȯ̀:mₐ atmen, kₐ ó:m
Kram, útkₐ ȯ̀:mₐ auskramen, niederkommen (vgl. DW. 5,1986
s. v. kram II, 1, c.) pó:s Kind, pȯ̀:stₐ Kinder, *sₐ ó:m Riss,
*sₐ ȯ̀:mₐ ritzen, *spó:n Span, *spȯ̀:n Späne, *sló:p Schlaf, *slȯ̀:pₐ ȥ
Schläfer. — Im Übrigen vgl. § 61 und § 62.

§ 65. āi̯ > ɛi̯, z. B. bɛi̯ₐ (mhd. bǽjen) bähen, dₐɛi̯ₐ
(mhd. drǽjen) drehen, kₐɛi̯ₐ (mhd. krǽjen) krähen, kₐɛ·i.
Krähe, mɛi̯ₐ (mhd. mǽjen) mähen, nɛi̯ₐ (mhd. nǽjen) nähen,
sɛi̯ₐ (mhd. sǽjen) säen, rɛi̯ₐ (mhd. wǽjen) wehen.
āi̯ ist mit ai̯ zusammengefallen (§ 75).

Wgerm. ē.

§ 66. ē > ī:. Es findet sich nur in wenigen Wörtern:
kī:n (ags. cén) Kien, bₐī:f Brief, *spī:y̯ₐl Spiegel, tī:z̯ₐl*stĕin
Ziegelstein, fī:cₐȥ Fieber, fī:l fiel, hī:l hielt, blī:s blies, lī:t
liess, *slī:p schlief.

Vor ȥ (das später abfiel) wurde ī: zu í: in hí: (andd. hér)
hier (§ 169, 1).

ī: vor zwischen Vokalen geschwundenem d > i̇́ in mi̇́ₐ
mieten (§ 147).

Wgerm. ĭ.

§ 67. ĭ > i, z. B. dik Teich, xₐis (andd. gris) grau, zlik
gleich, lik Leiche, Leichenzug, lim Leim, li:n Leine, knit
(ahd. krída) Kreide, kí:f (ahd. kíwa) Kinnlade, *stif steif,
*sti:f f. Stärke, pi:n (andd. pína) Pein, Schmerz, ȥi:x (ahd. ríga)
Reihe, si:x (andd. *sígi) niedrig, Rin Rhein, si:t Seide, tit
Zeit, vif Weib, viȥₐ (andd. *wísca) Wiese, ɍit weit, *sₐinₐ
(mndd. schrínen) schmerzhaft jucken und brennen, kí·lₐxón
(mndd. kilen) weglaufen, víz̯ₐ (mndd. wisen) zeigen, víz̯ₐȥ
Uhrzeiger, kₐít̯ₐ (mndd. kríten) kreischen, dₐít̯ₐ (an. dríta)
cacare, kík̯ₐ (mndd. kíken) sehen.

i vor zwischen Vokalen geschwundenem d > i̯, z. B. ȥi̯ₐ
reiten (§ 147); i > ii̯, z. B. *spii̯ₐ speien (§ 156); i > ii im Aus-
laut, z. B. mii mir (§ 156).

Wgerm. ō.

§ 68. ō > ū:, z. B. *blū:t* Blut, *bъū:k* Bruch, *bū:k* Buch, *blū:m* Blume, *hū:stъ* Husten, *kū:l* (ags. *cól*) kühl, *śʏū:l*. (ags. *swól*) schwül, *fъū:* (ahd. *vruo*) früh, *mū:t* Mut, *mū:s* Mus, *ślū:l* Stuhl, *śū:n* Schuh, *śnū:k* (mndd. *snók*) Hecht, *kū:kъ* Kuchen, *ъū:pъ* rufen, *śmū:kъ* (nndl. *smoken*) rauchen, *śpū:kъ* spuken, *flū:kъ* fluchen, *vū:* (andd. *hwó*) wie.

Nicht zirkumflektiert erscheint ū in *dūn* thun, *hūn* Huhn (vgl. *hunъъ* Hühner) *mūdʏъ* Mutter (§ 15, Anm. 1).

Vor ъ wurde ū: zu ʏ:, z. B. *bъū·ъ.ъ* Bruder (§ 169, 3).

ū: vor zwischen Vokalen geschwundenem d > ʏ, z. B. *blʏъ* bluten (§ 147).

ȫ, d. i. ï-Umlaut von wgerm. ō.

§ 69. ȫ > ȳ:, z. B. *mȳ:t* müde, *mȳ:n* (mndd. *móne*) Muhme, *sȳ:t* süss, *sȳ:kъ* (andd. *sókian*) suchen, *fȳ:lъ* fühlen, *pъȳ:oъ* (ags. *prófian*) kosten, schmecken, *nȳ:mъ* (andd.* *nómian*) nennen, *zlȳ:nъx* glühend.

Nicht zirkumflektiert erscheint ȳ in *mȳtъ* müssen.

Vor ъ wurde ȳ: zu ȳ:, z. B. *śnȳ·ъ.ъkъ* Schnürchen (§ 169, 4).

ȫ > yȳ, z. B. *blyȳъ* blühen (§ 158, 3); y: vor zwischen Vokalen geschwundenem d > ȳ, z. B. *hȳъ* hüten (§ 147).

Wgerm. ū.

§ 70. ū > ъ, z. B. *bъūt* Braut, *bъūkъ* brauchen, *dū:f* Taube, *fūs* Faust, *hūs* Haus, *kъūs* kraus, *kъūkъ* f. (andd. *krúka*) Krug, *mū:l* f. (mndd. *mūle*) Maul, *lūъъ* lauern, *śūъъ* (mndd. *schūren*) scheuern, *ъūtъ* (mhd. *rūte*) Fensterscheibe, *śtъūk* Strauch, Strauss, *pъū:m* (mndd. *prūme*) Pflaume, *tūtъ* Düte, *tūtъ* (an. *pīta*) auf dem Horn blasen, *kū:l* f. (mndd. *kūle*) Loch, *śtūtъ* m. (mndd. *stūten*) Weissbrot, *lūkъ* Luke, *dūkъ* tauchen, *sūъ* 1. sauer, 2. Essig, *śnūtъ* Schnauze, *kū·zъköp śī:tъ* (mndd. *kūsel* Kreis, *kūseln* kreisend im Wirbel drehen) Purzelbaum schlagen, *knūtъъ* f. pl. Knöchel, *sūpъ* saufen, *śūoъ* (mndl. *scūven*) schieben, *kъūpъ* (mndl. *krūpen*) kriechen, *ślūtъ* (mndl. *slūten*) schliessen, *ъūkъ* (mndl. *rúken*) riechen, *ū·ъ.ъ* Uhr, *śū·ъ.ъ* Schauer, *Rū·ъ.ъ* Ruhr, *śъūtъ* f. Truthenne.

Anm. Auffällig ist der hd. Einfluss in *dъūzъnt* tausend.

ū vor zwischen Vokalen geschwundenem *d* > *ů*, z. B. *lůə* lauten (§ 147); vor Vokal > *uŭ*, z. B. *tʁuŭə* trauen (§ 157) oder > *ɔu̯*, z. B. *bɔu̯ə* bauen (§ 157 Anm.); ausl. > *uŭ*, z. B. *duŭ* du (§ 157).

ȳ, d. i. *ĭ*-Umlaut von wgerm. *ū*.

§ 71. *ȳ* > *ȳ*, z. B. *kȳvə* n. (mndd. *kûven*) Kübel, *kȳtə* f. pl. (mndd. *kût*) Waden, *kȳmə* (andd. *kûmian*) ächzen, *plȳ:m* (mndd. *plûme*) Troddel, *dʁȳ:x* (ags. *drýge*) trocken, *bʁȳ:m* Bräutigam, *sẙ·ə.ʁ* Scheuer.

ȳ vor zwischen Vokalen geschwundenem *d* > *ẙ*, z. B. *lẙə* läuten (§ 147), vor Vokal > *yў*, z. B. *dyўə* drücken (§ 158, 1).

3. Diphthonge.

§ 72. Wgerm. *aĭ*, *aŭ* und der ĭ-Umlaut des letzteren (*aŭ*[*ĭ*]) haben in unserer Mundart eine vollständig parallele Entwicklung genommen: *aĭ*, = ahd. *ei*, > *ĕi*; *aŭ*, = ahd. *ou*, > *ŏu*; *aŭ*[*ĭ*], = ahd. *ou*[*ĭ*], > *ŏy*. *aĭ*, = ahd. *ê*, > *ê* > *ï·ą*.; *aŭ*, = ahd. *ô*, > *ô* > *ů·ą*.; *aŭ*[*ĭ*], = ahd. *ô*[*ĭ*], > *ô̂* > *ẏ·ą*.. Vor *ʁ* wurden *ï·ą*. zu *ï·ə*., *ů·ą*. zu *ů·ə*., *ẏ·ą*. zu *ẏ·ə*.. Wgerm. *ëŏ* wurde wie wgerm. *ē* zu *ï*:, wgerm. *ĭŭ* wie der ĭ-Umlaut von wgerm. *ū* zu *ȳ*.

Wgerm. *aĭ*.

§ 73. *aĭ* (= ahd. *ei*) > *ĕi*, z. B. *blĕikə* f. Bleiche, *dĕil* Teil, *ĕiγə* eigen, *ĕikə* Eiche, *ĕit* Eid, *flĕiš* Fleisch, *xĕis* Geist, *hĕim* heim, *hĕitə* heiss, *hĕ·i.t* (ahd. *heida*) Heide, *lĕim* Lehm, *mĕinə* meinen, *ʁĕ·i.n* (ahd. *reini*) rein, *sĕipə* Seife, *šĕif* (an. *skeifr*) schief, *štĕin* Stein, *šφĕit* Schweiss, *šφĕitə* schwitzen, *vĕik* weich, *šĕi̯ə* scheiden, *lĕi̯ə* leiten, *bĕitəl* m. Meissel, *sĕivəʁ* m. (ahd. *seifar*) Geifer.

Durch Kontraktion aus *ajĭ*, *ahĭ* (§ 125. 127) ist *ĕi* entstanden in *sĕil* (mhd. *sëgel*, nndl. *zeil*) Segel, *sĕilə* segeln, *šlĕis*, *šlĕit* schlägst, schlägt, *tφĕ·i.l* m. (ahd. *dwahila*) Handtuch. Dagegen wurde *aji* zu *ê* in *sês*, *sêt*, sagst, sagt, *lês*, *lêt* legst, legt.

Anm. 1. *hitə* (an. *heita*) heissen ist nach dem schwach flektierten Prät. *hidə* neugebildet.

Anm. 2. *ĕi* erscheint regelmässig in der 2. 3. sg. praes. der Verba *xôn* gehen, *štôn* stehen, *dûn* thun — *xĕis*, *xĕit*, *štĕis*, *štĕit*, *dĕis*, *dĕit*.

§ 74. *aĭ* ist wie im Ahd. vor *h*, *w*, *r*, *l* und im Auslaut zu *ê* monophthongiert worden, welches als *ï·ą*. erscheint,

z. B. *ʒĭ·q.* (ahd. *rêh*) Reh, *tĭ·q.və* m. (ahd. *zêha*, mndd. *têce*) Zehe, *ï·q.vəx* (ahd. *êwig*) ewig, *sĭ·q.l* (ahd. *sêla*) Seele, *šnĭ·q.* (ahd. *snêo*) Schnee, *sĭ·q.* (ahd. *sêo*) See, *vĭ·q.* (ahd. *wê*) wehe, *šlĭ·q.* (ahd. *slêo*) schleh, stumpf, *klĭ·q.* (ahd. *klêo*) Klee, *tʃʹĭ·q.* (got. *twai*) zwei.

Nicht zirkumflektiert erscheinen *liꬹ* (ahd. *lêhanón*) leihen, *lĭʒꬹ* (andd. *lêrian*) lehren, lernen.

Anm. 1. Mit dem aus *aĭ* entstandenen *ê* sind verschiedene *ê* anderer Herkunft lautlich zusammengefallen und wie dieses zu *ĭ·q.* diphthongiert worden: a) das altniederd. in den obl. Kasus durch Kontraktion aus *êhe* entstandene und aus diesen in den Nom. gedrungene *ê* in *frq̣.* (andd. *vê*) Vieh, b) in einigen Fällen der *ĭ*-Umlaut von wgerm. *ā* (§ 63), c) das *e* im Prät. von *dün* thun — *dĭ·q.t,* d) in Lehnwörtern: *pĭ·q.l* m. (mndd. *pêl*) Tragring der Frauen auf dem Kopfe, *ʌĭ·q.t* (andd. *wrêth,* an. *reiðr*) zäh wird aus einer Mundart entlehnt sein, in der germ. *ai* in allen Fällen zunächst zu *ê* geworden war. Jüngere Entlehnungen sind: *tĭ·q.* Thee, *apĭ·q.kʒ* Apotheke, *kamĭ·q.l* Kamel, *štĭ·q.l* Steele a. d. Ruhr, *unyʒfĭʒ.ʒ* ungefähr. Auffällig ist das *ĭ·q.* in *šφĭ·q.yʒʒ* (ahd. *swigar*) Schwieger-, z. B. *šφĭ·q.yʒʒfādʒʒ, šφĭ·q.yʒʒmüdʒʒ, šφĭ·q.yʒʒʒ* Schwiegerin; offenbar liegen hier die hochdeutschen Formen mit *ü,* gesprochen *ĭ,* zu Grunde, wie Schwägerin, verschwägert.

Anm. 2. *iꬹ* ist aus *iji* kontrahiert in der 2. 3. sg. praes. von *liyʒ* liegen — *lĭꬹs, lĭꬹt.*

Anm. 3. Vor *ʒ* wird *ĭ·q.* zu *ĭʒ.,* z. B. *ĭʒ.ʒ* Ehre (§ 170); in *ĭ·q.stʒ* erste entsteht *ĭ·q.* wieder durch Vokalisation des *ʒ* vor Alveolaren (§ 94).

Anm. 4. Über *iꬹ,* das aus *i* + vokalisiertem *ʒ* entstanden ist, vgl. § 94.

Wgerm. *aĭ̯*.

§ 75. *aĭ̯* > *εi,* z. B. *lε·i.* f. (andd. *leia*) Schiefertafel, *εi* (ahd. *ei*) Ei, *šʒεiʒ* schreien.

Mit diesem *aĭ̯* ist *āį* zusammengefallen (§ 65).

Wgerm. *aŭ*.

§ 76. *aŭ* (= ahd. *ou*) > *ŏu,* z. B. *bŏum* Baum, *dʒŏum* Traum, *štʒŏum* (an. *straumr*) Strom, *dŏuf* taub, *ŏuk* auch, *ŏ·u.x* Auge, *kŏupʒ* kaufen, *lŏupʒ* laufen, *knŏup* (mhd. *knouf*) Knopf, *ʒŏuk* Rauch.

§ 77. *aŭ* ist wie im Ahd. vor Alveolaren (Dentalen), vor *h* und im Auslaut zu *ô* monophthongiert worden, welches als *ŭ·q.* erscheint, z. B. *lŭ·q.n* (ahd. *lôn*) Lohn, *bŭ·q.n* (ahd. *bôna*)

Bohne, *bŭ·q̇.t* (ahd. *brôt*) Brot, *xŭ·q̇.t* (ahd. *grôz*) gross,
dŭ·q̇.t (ahd. *tôt*) tot, *blŭ·q̇.t* (ahd. *blôz*) bloss, nackt, *lŭ·q̇.t*
(mhd. *lôt*) Lot, *pŭ·q̇.t₂* (nndl. *poot*) Pfote, *pŭ·q̇.t* m. Pfütze,
štŭ·q̇.t₂ (ahd. *stôzzan*) stossen, *tŭ·q̇.s* (ahd. *trôst*) Trost, *hŭ·q̇.x*
(ahd. *hôh*) hoch, *flŭ·q̇.* (ahd. *flôh*) Floh; *fŭ·q̇.* (ahd. *frô*) froh,
štŭ·q̇. (ahd. *strô*) Stroh.

Nicht zirkumflektiert erscheint *vūq̇t* (ahd. *rôt*) rot.

Anm. 1. Auch das lange *o* in Fremdwörtern ist zu *ŭ·q̇.* geworden,
also nicht mit germ. *ō* (§ 68) zusammengefallen, z. B. *klŭ·q̇.st₂* Kloster,
šŭ·q̇.l Schule. Die in neuerer Zeit aufgenommenen Lehnwörter haben
ŭ·q̇. bez. *ŭa*, je nachdem das *o* im Hd. zirkumflektiert betont ist oder nicht,
z. B. *paštŭ·q̇.s* Pastor, *kantŭ·q̇.s* Comptoir, *vŭaz₂* Rosen, *patvŭan₂* Pa-
tronen, *mŭad₂* Mode. Die zirkumfl. Betonung in *vŭ·q̇.s* Rose, *dŭ·q̇.s*
Dose, *Fvansŭ·q̇.s* Franzose, *kumŭ·q̇.t* 1. Kommode, 2. bequem etc. ist
durch den Wegfall des auslautenden *e* bedingt, vgl. § 13. Wie Lehn-
wörter aus dem Hd. sind auch *ūan₂* (mhd. *âne*) ohne und *vūan₂* (andd.
wunón) wohnen behandelt.

Anm. 2. Andd. *ô* ergab betont *vŭ·q̇.*, unbetont *vu*; *fô* ja ent-
wickelte sich stark betont in der Bedeutung »auf jeden Fall« zu *fŭ·q̇.*

ī-Umlaut von wgerm. *aŭ.*

§ 78. Der *ī*-Umlaut von *aŭ* = ahd. *ou* ist *ŏy*, z. B.
dvŏym₂ träumen, *xlŏyv₂* (andd. *gilôbian*) glauben, *dŏyp₂* (andd.
dôpian) taufen, *vŏykƶv₂* räuchern, *štvŏyp₂* (mhd. *strôufen*)
streifen. Aus dem Ndl. sind wahrscheinlich entlehnt *flŏyt₂*
Flöte, *tŏyt₂* f. Blechkanne, *špvŏyt₂* f. Giesskanne, *bŏ·y.s* n.
Wams.

§ 79. Der *ī*-Umlaut von *aŭ* = ahd. *ô* ist *ẏ·q̇.*, z. B.
blẏ·q̇.t (andd. *blôdi*) blöde, *lẏ·q̇.z₂* (got. *lausjan*) lösen, *sẏ·q̇.t₂*
(got. *skauts*) Schösse, *nẏ·q̇.dƶx* (zu got. *naufs*) nötig, *tvẏ·q̇.št₂*
(an. *treysta*) trösten, *kvẏ·q̇.z₂* krosen, *klẏ·q̇.t₂* (nndl. *kloot*)
Hoden, *ẏ·q̇.m* (mhd. *ôheim*) Oheim, daneben aber auch *ūqm₂*.

Nicht zirkumflektiert erscheinen *hƒvv₂* (andd. *hôrian*)
hören, *štƒvv₂* (mhd. *stôren*) stören.

Anm. Auch das lange *o* in Fremdwörtern wird zu *ẏ·a.*, z. B.
fvẏ·q̇.lš₂ Veilchen, *klẏ·q̇.s* Farbe.

Wgerm. *aŭŭ̆.*

§ 80. *aŭŭ̆* > *ɔu*, z. B. *hvɣ₂* (ahd. *houwan*) hauen, *vavvvɣ₂*
(ahd. *skouwôn*) warnen, *fvv·u.* (ahd. *frouwa*) Frau, *nvv·u.* f.

(mhd. *mouwe*) Mau, Ärmel, *kɔ·u.* f. (mndd. *kauwe*) Vogel-
käfig.

Mit diesem *aŭ̯ĭ* ist *āŭ̯ĭ* zusammengefallen (§ 61.)

ĭ-Umlaut von wgerm. *aŭ̯ĭ*.

§ 81. Der ĭ-Umlaut von wgerm. *aŭ̯ĭ* > *əy*, z. B. *stɔəyʐ*
(ahd. *strouwen*) streuen, *fɔəyʐ* (ahd. *frouwen*) freuen, *fɔə·y.t*
(ahd. *frewida*) Freude, *həy* (ahd. *hewi*) Heu, *dəyʐ* (ahd.
douwen) tauen.

Wgerm. *ëö̆.*

§ 82. *ëö̆* > *ī:,* z. B. *knī:* Knie, *lī:f* lieb, *dī:nʐ* dienen,
ɔī:mʐ 1. Riemen, 2. Ruder, *stī:f-* Stief-, *lī:t* Lied, *dī:p* tief,
rī:kʐ f. (ags. *weoca*) Docht, *xī:tʐ* giessen, *lī:yʐ* (andd. *liogan*)
lügen, *flī:yʐ* fliegen, *sī:tʐ* schiessen, *bʐdɔī:yʐ* (andd. *bidriogan*)
betrügen, *fɔī:zʐ* frieren, *fʐɔlī:zʐ* verlieren, *bīʐ* bieten. — Ebenso
entwickelte sich das *ëö̆* im Prät. der redupl. Verba 2. Kl.
ɔī:p rief, *lī:p* lief, *stī:t* stiess.

Zu *ī:* wurde auch der durch Kontraktion aus *ëhŭ* ent-
standene Diphthong in *tī:n* (andd. *tian*) zehn. Nicht zir-
kumflektiert erscheint *sīn* (andd. *sian*) sehen.

Vor *ɔ* wurde *ī:* zu *ĭ:,* z. B. *dĭ̈·ɔ.ɔ.* Tier (§ 169, 2).

Wgerm. *ĭŭ.*

§ 83. *ĭŭ* > *ÿ,* z. B. *tÿx* Zeug, *fÿɔ* (ahd. *fiur*) Feuer,
dÿ·ʐ.ɔ (andd. *diuri*) teuer, *stÿ·ʐ.ɔ* (andd. *stiuria*) Steuer, *stÿɔʐ*
steuern, *kÿkʐ* Küchlein.

Vor zwischen Vokalen geschwundenem *d* wurde *ÿ* > *ÿ̈,*
z. B. *bʐdÿ̈ʐ* bedeuten (§ 147).

Anm. Hd. Lehnwort ist *dö̈yvʐl* Teufel.

B. Die Vokale der Nebensilben.

§ 84. In unbetonten Nebensilben wird jedes mndd. *e,*
mitunter auch ein anderer Vokal zu *ʐ* geschwächt, z. B.
midʐ Mitte, *hatʐ* Herz, *xʐdón* gethan, *bakʐs* Backhaus, *hausʐ*
Handschuh, *baɔɔʐs* barfuss, *fʐɔaftʐx* wahrhaftig, *iŋʐl* Engel,
īzʐɔ Eisen, *vilʐ* wollen. Vortoniges *o* wird zu *a* in *saldő:t*
Soldat, *kantű·ʐ.ɔ* Comptoir. — Synkope findet sich in *pɔā:t*

(lat. *paratus*) fertig, *šlô:t* Salat, *kɔintə* Korinthen, *Kätəĭ:n* Katharina, *tɔyk* zurück. Ausserdem wird fast jedes unbetonte *e* nach stimmhaften Konsonanten synkopiert oder apokopiert, wobei in den in § 13 angegebenen Fällen zirkumflektierte Betonung eintritt. Über weitere Fälle siehe die Formenlehre.

II. Konsonanten.

1. Halbvokale.

Wgerm. ĭ.

§ 85. ĭ ist im Anlaut als *j* erhalten, aber vor ursprünglichen Hartgaumenvokalen zu stimmlosem *x* geworden. z. B. *juŋk* jung, *jŏ·ɹ.ɔ* Jahr, *jô* ja, *jāyə* jagen, *jaŋkə* weinen, *jalpə* heulen, *jŭks* Spass, *jykə* jucken, *jy̑:t* Jude. — *xĭi* (andd. *gi*) Sie, *xestə* (ne. *yest*) Hefe, *xy·n.* dort, *xynsĭt* drüben, jenseits.

Anm. 1. Sehr auffällig ist die unbetonte Form des Dat. Akk. Sing. des pers. Pron. der 2. Person *ɛ̑ə*, nach stimml. Kons. *ɛ̑ə*.

Anm. 2. *jĕdɔ̑ɪ* jeder und *jĕts, jĭts* jetzt sind hd. Lehnwörter, vielfach hört man für letzteres auch *xĕts, xĭts*.

Wgerm. ŭ.

§ 86. ŭ erscheint als stimmloser bilabialer Reibelaut in den Verbindungen *kφ, šφ, tφ,* z. B. *kφetšə* Zwetsche, *kφātɔ̑ə* jammern, *šφĕɔ* n. Schwäre, *šφĕɔə* schwören, *tφĭ·ɋ.* zwei, *tφas* (nndl. *dwars*) quer.

§ 87. Vor *l* und *ɔ* ist anlautendes ŭ zu *f* geworden, z. B. *flĭspɔ̑ə* (mndd. *wlispen*) flüstern, *fɔiŋə* (mndd. *wringen*) ausringen, *fɔixtə̑* (mndd. *wrist*) Fussrücken, *frĭ·ɋ.t* (andd. *wrêth*) zäh, *fɔak* (mndd. *wrack*) untauglich.

Anm. ŭ ist abgefallen in *ɔĭtə* (andd. *wrĭttan*) reissen (vgl. FRANCK Mndl. Gr. § 87) und in *ɔĭvə* (mndl. *wrĭven*) reiben.

§ 88. ŭ ist geschwunden 1) nach ŭ, vor Konsonanten und im Auslaut, z. B. *hɔyə* (ahd. *houwan*) hauen, *frɔ·u.* (ahd. *frouwa*) Frau, *fɔɔyə* (ahd. *frouwen*) freuen, *sĭ·ɋ.l* (got. *saiwala*) Seele, *e·ɔ.tə* (ahd. *araweiz*, andd. *erit*, an. *ertr*) Erbse, *šnĭ·ɋ.*

(ahd. *snéo*) Schnee, *vī·q̇*. (andd. *wé*) wehe, *rél* (ahd. *gëlo*) gelb, *xāḃ* (ahd. *garo*) gar. 2) nach Konsonanten vor Weichgaumenvokal, z. B. *sȳ:t* (ags. *swóte*) süss, *hū:stᶗ* (ags. *hwósta*) Husten.

Anm. w̯ zwischen Vokalen ist als *v* erhalten in *ȓ·a̯.ḇᶒx* ewig, sowie in *tȓ·a̯.ḇᶒ* m. Zehe, wo es in grammatischem Wechsel zu *ḣ* steht (ahd. *zéha*, mndd. *téwe*), dagegen geschwunden in *ἰpῖ̯ᶒ* speien, *snῖ̯ᶒ* schneien.

§ 89. In allen übrigen Fällen ist w̯ zu labiodentalem *v* geworden, das als *f* auslautet, z. B. *vātᶘ* Wasser, *vīt* weiss, *xeḃᶒ* gerben, *feḃᶒ* färben, *fa·ḃ.f* Farbe, *s̓φa·l.f* Schwalbe.

Anm. In unbetonter Vorsilbe ist anlautendes *v* zu *f* geworden in *fᶘṿaftᶒx* wahrhaftig neben *rō̃·ẓ.ᶑ* wahr.

2. Liquiden.

Wgerm. *l.*

§ 90. *l* ist in der Regel als palatales *l* erhalten, z. B. *lātᶒ* spät, *lᵉpᵉ* brünstig, *kləyᶒl* (ags. *clýwen*) Knäuel, *klᵉpᶒl* (mndd. *kluppel*) Knüppel, *hȳlᶒ* heulen, *kalᶒ* reden, *hᵓulᶒ* halten.

§ 91. *l* ist geschwunden 1) vor *s* in *é:stᶘ* (mhd. *egelster*) Elster, *ᵉs* als, *sas* sollst, *vᵓs* willst. 2) in *Vȓ·m.*, *Vilem* (nndl. *Willem*) Wilhelm, *hasᶒnūt* (mndd. *hasselnote*) Haselnuss, *kúzᶒkᵉp* (mndd. *küsel*) Purzelbaum.

Metathesis von *l* trat ein in *nᵓ·u.l* (mndl. *nálde*) Nadel.

Wgerm. *r.*

§ 92. *r* ist in der Regel zu *ᶎ* geworden, z. B. *ᶎᵓu* Ruhe, *bleᶎᶒ* schreien, *pᶎú:m* (ahd. *phrúma*) Pflaume, *eḃᶎᵊ* aber, *feḃkᶒ* Schwein, *e·ᶎ.pᶒl* Erdapfel, Kartoffel, vergl. damit *ḗdèpᶒl* pl. Kartoffeln.

Anm. *ᶎ* ist zu *n* geworden in *knᶑt* (mhd. *kríde*) Kreide, dazu *knítᶑyᶌᶎᶑ* Geizhals. In *huᶗnᶎnᶑ* hundert hat sich das *n* vor dem *t* erst später entwickelt, nachdem das *ᶎ* bereits ausgefallen war.

§ 93. Geschwunden ist *r* 1) vor Alveolaren, z. B. *būt* Bart, *xē:n* gern, *cōs* Wurst, *hat* hart (§ 137 ff.). 2) im Auslaut in *hᶑ*: hier, *dó*: da, *vū̇*: wo.

§ 94. In folgenden Wörtern hat sich *ᶎ* vor Alveolaren zu *q̇* vokalisiert: *kiqᶒᶒ* Kirsche, *fiqᶑín* vierzehn, *fiqᶒᶑx* vierzig, *fȓ·q̇.l* viertel, *dȓ·q̇.n* Dirne, *pȓ·q̇.skᶒ* Pfirsich. Die zirkumflektierte Betonung in den beiden letzten Wörtern ist durch den Wegfall eines unbetonten *e* bedingt (§ 13).

Über Metathesis von *ʒ* bei Alveolaren vgl. § 177.

3. Nasale.

Wgerm. *m*.

§ 95. *m* ist regelmässig erhalten, z. B. *mā:t* Magd, *hemdə̣* Hemd, *fā:m* (mhd. *vadem*) Faden, *šφū:m* (mhd. *swadem*) Schwaden, *bô:m* (mhd. *bodem*) Boden, *besʒ̣m* (ags. *besme*) Besen.

Anm. 1. Ausgefallen ist *m* in *štüp* (ahd. *stumph*) stumpf, *tʒ̣üf* (nndl. *troef*) Trumpf im Kartenspiel.

Anm. 2. Mit folgendem *g* wurde es zu *ŋ* in *buŋʒ̣t* (ahd. *boumgarto*) Baumgarten.

Wgerm. *n*.

§ 96. *n* ist im An- und Inlaut sowie im Auslaut von Stammsilben erhalten, z. B. *nô*: nah, *knŏp* Knoten, *xynə̣* gönnen, *cʒ̆nt* Wind, *kan* kann, *sín* sein, *dūn* thun.

Anm. Im Anlaut ist es abgefallen in *āk̩ə̣* (andd. *nako*) Nachen, infolge falscher Abtrennung von dem vorgesetzten unbestimmten Artikel.

§ 97. Schwund des *n* unter Ersatzdehnung ist für die mülh. Mundart nur vor *f* von Alters her ererbt in *fīf* (andd. *fīf*) fünf. Vor *s* ist das *n* erst später geschwunden in *xɔˑu.s* (mndl. *gans*) Gans (vgl. § 160 Anm. 2). *üs* uns, *pīʲstə̣* Pfingsten, *dĩzdàx* Dienstag, *kas* kannst, *kus* konnte, *ʲs* einmal, *ymə̣s* jemand, *nymə̣s* niemand, *évə̣s* eben, *eʊγə̣s* irgendwo, *neʊγə̣s* nirgends, *xṹ:zdàx* Mittwoch, (mndd. *gudensdach*).

§ 98. Im Auslaut ist *n* in den unbetonten Endsilben mehrsilbiger Wörter abgefallen, bes. in Flexions- und Ableitungssilben, z. B. *ópə̣* offen, *téγə̣* gegen, *uünə̣* unten, *hevə̣* haben, *hadə̣* hatten. Doch gilt dies nur für die Stadtmundart; auf dem Lande bleibt das *n* erhalten.

Anm. *n* ist angetreten in *šü:n* (andd. *skôh*) Schuh. Es ist aus dem Plural übernommen.

Wgerm. *ŋ* (*η*).

§ 99. Der Gaumen-Nasal ist in der Regel erhalten, z. B. *ʃuŋk* jung, *laŋk* lang, *laˑŋ*. lange, *iŋə̣l* Engel, *penə̣ŋ* Pfennig.

Anm. Ausgefallen ist *ŋ* in *kȳnʒ̣x* (andd. *kuning*) König.

4. Verschluss- und Reibelaute.

a) Labiale.

Wgerm. *p.*

§ 100. *p* ist in allen Stellungen erhalten; vor betontem Vokal ist es aspiriert (§ 19), z. B. *pip̥* Pfeife, *pót̥* pflanzen, *p̥ú:m* Pflaume, *pï·q̊.sk̥* Pfirsich, *plyk̥* pflücken, *šep̥* schöpfen, *x̥íp̥* greifen, *d̥p̥l* Schwelle, *help̥* helfen, *dï:p* tief, *köp* Kopf, *štüp* stumpf.

Anm. Auffallend ist das *f* in *šti:f-* Stief-, vgl. auch mndl. *stief*. Hier liegt wohl hd. Einfluss vor, wie in *šq̊r̥·γχ̥-* (§ 74, Anm. 1).

Wgerm. *b, β.*

§ 101. *b*, das im Altniederd. nur im Anlaut, in der Gemination und in der Verbindung *mb* vorkam, ist im Anlaut erhalten, z. B. *bĕk* Bach, *bót̥* (andd. *bi oðan*) oben, *blū:t* Blut.

§ 102. Das geminierte *b* ist zum einfachen Verschlusslaut geworden, welcher vor stimmlosen Konsonanten und im Auslaut zu *p* wurde, z. B. *x̥ip* Rippe, *k̥ip* Krippe, *ik hep* ich habe, *x̥ï hep* Sie haben. Im Inlaut zwischen Vokalen blieb das *b* aber nur erhalten, wenn in der Flexion Formen mit auslautendem *p* nebenhergingen, z. B. *x̥ib̥* Rippen, *k̥ib̥* Krippen. Sonst ist es zu *v* geworden; einziges Beispiel ist *hev̥* (andd. *hebbian*) haben; neuerdings wird auch in *ik hep* und *x̥ï hep* immermehr Reibelaut gesprochen.

Anm. 1. *b* findet sich im Inlaut nach kurzem Vokal in einer Reihe von jüngeren Neubildungen, welche ein lautgesetzliches *bb* repräsentieren, z. B. *k̥ab̥l̥* krabbeln, *x̥ab̥l̥* rappeln, *bab̥l̥* Bonbon, *keb̥l̥* zanken, *knib̥l̥* kleine Stücke abbrechen, *šnib̥l̥* schnitzeln, *šïb̥l̥* flache Steine über die Oberfläche des Wassers hüpfen lassen, *six šüb̥l̥x lax̥* sich kugeln vor Lachen, *x̥ib̥l̥* lachen, *k̥ib̥l̥x* mürrisch, *büb̥l̥* schwätzen, *hüb̥l̥* hobeln, *hüb̥l* Hobel, *x̥üb̥l̥* grapsen, *x̥üb̥l̥x* uneben, rauh, *šüb̥* kratzen, *šeb̥x* hässlich.

Anm. 2. In *ó:m̥nt* (andd. *ðoud*) Abend wurde *v̥n* zu *m*; vor dem *t* aber entwickelte sich wieder ein *n̥*.

Anm. 3. Hd. Lehnwörter sind *säb̥l* Säbel, *šnäb̥l* Schnabel, *bíb̥l* Bibel, *fíb̥l* Fibel, *x̥öyb̥x* Räuber.

§ 103. In der Verbindung *mb* ist *b* im Inlaut abgefallen, im Auslaut zu *p* geworden. In neuerer Zeit verstummt es hier aber mehr und mehr, z. B. *kεim̥* (ags. *cemban*) kämmen, *i̒mn̩* (andd. *émbar*, Eimer, *y·m.* (andd. *umbi*) um, *kɔuĩm* (andd. *krumb*) krumm, *kɔum* (ags. *comb*) Kamm.

A n m. In *klymn̩* (ags. *climban*) klettern, *tu·m.* (mhd. *trumbe*) hat sich das *b* dem *m* frühzeitig assimiliert.

§ 104. *β* ist zu labiodentalem *v* geworden, z. B. *dʰitn̩* treiben, *xévn̩* geben, *ɛvtn̩* erben, *silçn̩* Silber, *selvn̩s* selbst.

A n m. In *ɑъbĕt* (andd. *arъeid*) Arbeit wurde *β* zu *b*, weil infolge des starken Nebentones, den die zweite Silbe trug, das Wort vielleicht als eine Zusammensetzung angesehen wurde.

§ 105. Auslautendes *β* erscheint, wie schon im Andd., als *f*, z. B. *vîf* Weib, *lîf* Leib, *li:f* lieb.

Wgerm. *f.*

§ 106. *f* ist im An- und Auslaut erhalten, im Inlaut dagegen zu *v* geworden, z. B. *fan* von, *fādn̩* Vater, *fîf* fünf, *vŏlf* Wolf, *hof* Hof; *ôvn̩* Ofen, *dovn̩* dürfen; *vŏ·l.f* < *'vŏlvn̩* Wölfe, *hồ:f* < *'hồvn̩* Höfe.

A n m. 1. Auffällig ist das *p* in *plĕъmỉs* Fledermaus, vgl. WOESTE *plĕrmỉs*, neben *fl̃ădeъmỉs*.

A n m. 2. Inlautendes *f* findet sich in Lehnwörtern, z. B. *tā:fn̩l* Tafel, *xafn̩l* (nndl. *gaffel*) Gabel, *xъifn̩l* Griffel, *tъefn̩* treffen, *kefn̩* zanken, *kufn̩* Kaffe, *ỉlufn̩* m. Pantoffel.

§ 107. In der Verbindung *ft* wurde *f* schon in alter Zeit zu *x*, z. B. *axtn̩s* hinter, *xъax* (zu *xъāvn̩* graben) Gracht, *nix* (ahd. *niftila*) Nichte, *kox* kaufte, *xlox* glaubte, *lux* Luft, *ĭtix* Stift, nur noch als Bezeichnung einer zum ehemaligen Damenstift Essen gehörigen Örtlichkeit gebraucht, sonst stets *ĭtif*, z. B. *blĩĭtif* Bleistift. Überwiegend heisst es jetzt aber auch *kof*, *xlof*, *luf*.

b) Dentale und Alveolare.

Wgerm. *t.*

§ 108. *t* ist in fast allen Stellungen erhalten, vor betontem Vokal ist es aspiriert (§ 19), z. B. *tît* Zeit, *tъekn̩* ziehen, *ĕtn̩* essen, *katn̩* Katze, *kъé:ftn̩* Krebs, *mets* Messer.

A n m. 1. *ts* erscheint, abgesehen von Fällen wie *mets* Messer, wo *t* und *s* in alter Zeit zusammentrafen, nur in Lehnwörtern, z. B. *ĭpits* spitz, *nets* Netz, *kĕtsn̩* Kerze, *kъatsn̩* kratzen, *ĭats* Geliebter, Geliebte, *klŏts* Klotz, *ŝŭtsn̩* Schlittschuh, *blits* Blitz, *batsn̩* Hinterbacke, *bъitsn̩l* Bretzel, *hitstn̩* Hitze, mit demselben Suffix weitergebildet wie *hŏxtn̩* etc.

Anm. 2. Das anlautende *ts* in Lehnwörtern wird zu *s*, *z*. B. *sux*
Eisenbahnzug, *zixú'ᵕ*. Zigarre, *sukᵤ* Zucker, *zípᵤl* (lat. *cēpula*) Zwiebel,
zinᵤ Zinsen.

§ 109. Im Inlaut ist *t* geschwunden 1) zwischen *s* und
l in *bōsᵤl* (nndl. *borstel*) Bürste und *fasᵤlö:mᵤnt* (mndd.
castelávent) Fastnacht, 2) vor *st* in *lestᵤ* letzte und *bestᵤ* beste.

§ 110. Auslautendes *t* ist abgefallen nach Verschluss-
und Reibelauten, z. B. *sÿp* säuft, *mak* macht, *bys* bist, *vĕis*
weisst, *vŏs* willst, *fᵤɉ:s* friert, *bɉ:f* schiebt, *flɉ:x* fliegt, *veš*
wäscht, *nis* Nest, *fas* fest, *luf* Luft, *lix* leicht, *ᵤex* recht,
maᵤk Markt. In der Flexion tritt das *t* im Inlaut wieder
hervor, z. B. *fastᵤᵤ* fester, *nistᵤᵤ* Nester.

Auch nach *m* und *ŋ* fällt das *t* ab; in diesem Falle
aber tritt der homorgane Verschlusslaut, der sonst nur als
latenter Übergangslaut fungierte, in den Auslaut, z. B. *kymp*
kommt, *zᵤšamp* geschämt, *siˑŋ.k* singt, *laˑŋ.k* langt.

Wgerm. *d, ð, ϑ.*

§ 111. *ϑᵤ* ist über *dw* zu *tᵤp* geworden, z. B. *tᵤpiŋᵤ* (andd.
thwingan) zwingen, *tᵤpĕˑi.l* (ahd. *dwahila*) Handtuch, *tᵤpas*
(mndl. *dwars*) quer, *tᵤpazdᵤivᵤᵤ* Quertreiber. — Geminiertes *ϑ*
ist zu *t* verschoben, z. B. *šmitᵤ* (ags. *smiþþe*) Schmiede, *mutᵤ*
(ags. *moþþe*) Motte. — In allen übrigen Fällen ist *ϑ* zum
stimmhaften Verschlusslaut geworden und hat dieselben
Schicksale wie altes *d, ð* erfahren. Im Folgenden werden
beide Laute zusammen behandelt.

§ 112. *d* ist im Anlaut erhalten, z. B. *diˑp* tief, *dÿᵤ*
Thüre, *dᵤiŋkᵤ* trinken, *diŋkᵤ* denken, *dᵤeɉᵤ* drehen, *datᵤx*
dreissig.

Anm. Auffällig ist das *t* in *tᵤdᵤ* Trauer, *tᵤdᵤᵤx* traurig, vgl. nndl.
treurig. Hier ist wohl hd. Einfluss anzunehmen.

§ 113. *d* ist im Inlaut geschwunden
1. zwischen Vokalen, z. B. *bĕᵤ* beten, *biᵤ* bieten, *bóːm*
Boden, *tᵤáᵤ* treten, *šliᵤ* Schlitten, *xūːzdax* (mndd. *gudensdach*)
Mittwoch, *lĕˑᵤ.ᵤ* Leder, *fĕˑᵤ.ᵤ* Feder, *fáːm* Faden, *óːm* Atem,
bᵤüˑᵤ.ᵤ Bruder, *fᵤᵤliᵤ* (got. *galiþans*) vergangen.

Anm. 1. Auf hd. Einfluss beruht die Erhaltung des *d* zwischen
Vokalen in *fádᵤᵤ* Vater — *fáːᵤ* hört man wohl auch noch, aber sehr

selten —, *mūdžʻ* Mutter — aber *mýʻʒ.ɐkʒ* weibliches Kaninchen —, neben denen aber bereits vielfach *fatžʻ*, *mutžʻ* gebraucht werden, *klöidžr* neben *klöiʒ̣ʻ* Kleider, aber wohl nur *klöidžʻɐkastʒ* Kleiderschrank, *snídžʻ* Schneider, *lādž* Laden.

2. nach *l* und *n*, wenn diesen ein langer Vokal oder Diphthong vorhergeht, z. B. *hī:lž* hielten, *hɔulž* halten, *s̆eilž* schelten, *nɔʻu.l* (andd. **nálda*) Nadel, *bỉinž* binden, *fỉinž* finden, *uỉinʒ* unten, *s̆ɔʻu.n* Schande.

Anm. 2. Geht dem *l* ein kurzer Vokal vorher, so bleibt das *d* erhalten, z. B. *zöldž* golden, *bildžʻ* Bilder, *s̆ildžʻ* Schilder, *meldž* melden. Neben *boʻl.t* (mndd. *bolde*) bald sagt man meist *boʻl.* — Abgefallen ist es ferner in *un* und.

§ 114. Sonst blieb inlautendes *d* erhalten und zwar

1. wenn es auf *dd* beruht, z. B. *bidž* bitten, *midž* Mitte, *dữidž* dritte, *s̆ydž* schütten, *vedž* wetten, *bedžʻ* Betten, *ledžʻ* (nndl. *ladder*) Leiter, *fedžr* (mndd. *vedder*) Vetter.

2. wenn vor demselben ein *r* ausgefallen ist, z. B. *ādžx* artig, *fēdžx* fertig, nach Analogie dieser *nỷʻʒ.džx* nötig.

3. in dem Suffix *-itha* lautgesetzlich, z. B. in *brēdž* Breite, *vỉdž* Weite, durch Übertragung von diesen Mustern auch in *kəʻy.ldž* Kälte, *leʻŋ.dž* Länge, *zʒvendž* Gewohnheit.

4. in dem Komparativsuffix *džʻ*, z. B. *klindžʻ* kleiner.

5. Nach *m*, z. B. *hemdž* Hemd, *frymdž* Fremde.

6. in der Präteritalendung schwacher Verba, z. B. *lē:vdž* lebte, *hỷʻl.dž* weinte, *vundž* wohnte, *lɔɔʻu.dž* braute.

§ 115. Auslautendes *d* ist zu *t* geworden, z. B. *tĩt* Zeit, *lɔunt* Land, *vỉilt* wild, *ʒūɑt* rot.

Wgerm. s.

§ 116. Stimmloses *s* erscheint

1. im Anlaut vor Vokalen z. B., *siŋž* singen, *saldó:t* Soldat, *sȳ:t* süss.

Anm. Neben stark betontem *syỷ* sie steht unbetontes *zʒ*.

2. im Inlaut, wenn es auf Geminata oder auf *hs* zurückgeht, z. B. *misž* missen, *kysž* 1. küssen, 2. Kissen, *kīɑsž* (mndd. mndl. *kersse*) Kirsche, *besʒm* (mndd. *bessem*, ags. *besma*) Besen, *hasʒnüt* (mndd. *hasselnote* < **hasla*) Haselnuss. — *vāsž* wachsen, *asž* Achse.

3. vor oder nach stimmlosen Konsonanten, sowie im Auslaut, z. B. *ė:stʒ̣* Elster, *kētsʒ̣* Kerze, *zlas* Glas, *mets* Messer, *hûs* Haus, *kus* (ahd. *konsta*) konnte, *dōs* (ahd. *gitorsta*) durfte.

Anm. Wie verhält sich *fʰix*, *fʰixtʒ̣* f. Fussrücken zu mndd. *wrist?*

§ 117. Stimmhaftes *z* findet sich im Inlaut

1. zwischen Vokalen, z. B. *lėzʒ̣* lesen, *šė:zʒ̣* eilen, *fʰī:zʒ̣* frieren, *fʒʰlī:zʒ̣* verlieren. Nach gekürztem Vokal erscheint es in *īzʒ̣* Eisen, *fūzʒ̣l* Fusel, *kīzʒ̣lštėin* Kieselstein, *bīzʒ̣lʒ̣* fein regnen.

2. nach Liquiden und Nasalen, z. B. *felzʒ̣* Felsen, *dûʒ̣cėmzʒ̣* durchprügeln, *inzʒ̣l* Insel, *pinzʒ̣l* Pinsel.

Anm. Dass *z* nach *r* stimmhaft war, ergibt sich aus der zirkumflektierten Betonung von *ā:š* Dat. von *ûš* Arsch, welches nur auf *arṭʒ̣* < *arzʒ̣* zurückgehen kann.

§ 118. *sk* ist in allen Stellungen zu *š* geworden, z. B. *šō:p* Schaf, *šepʒ̣* schöpfen, *šʰîvʒ̣* schreiben, *šʰeįʒ̣* schreien, *tyšʒ̣* zwischen, *myšʒ̣* Sperling, *fiš* Fisch, *dytš* deutsch.

§ 119. *s* ist zu *š* geworden

1. in den anlautenden Verbindungen *sl*, *sm*, *sn*, *sp*, *st*, *sw*, z. B. *šlôn* schlagen, *šlïʒ̣* Schlitten, *šmitʒ̣* Schmiede, *šmākʒ̣* schmecken, *šniʿʒ̣*. Schnee, *šnîʒ̣* schneiden, *špīlʒ̣* spielen, *špʰėkʒ̣* sprechen, *štėkʒ̣* stechen, *štôn* stehn, *šʰpō·ʒ̣.ʰ* schwer, *šʰwat* schwarz.

Anm. Ebenso entwickelte sich das sekundär entstandene *sl* in *ilš:t* Salat.

2. in einigen Wörtern nach *r*. *āš* (ahd. *ars*) Arsch, *fēš* (ahd. *vèrs*) Vers, *fēšʒ̣* (mndd. *verssene*) Ferse, *fēšʒ̣* First, Giebel, vgl. dagegen § 142.

3. in *paštû·ʒ̣.ʰ* Pastor, *pištô·l*. Pistole, *kaštėiʒ̣* Kastanien, *vïpšʒ̣* Wespe, *bukšʒ̣* Hose.

§ 120. *š* findet sich ferner

1. in der Deminutivendung der Substantiva auf *l*, *n*, *t*, z. B. *Kā:lšʒ̣* Karlchen, *hɛ·i.nšʒ̣* Händchen, *litšʒ̣* Liedchen.

2. In der Bezeichnung der Frauen nach dem Namen oder Stande ihres Mannes, z. B. *Mėlʒ̣ʰ* — *Mėlʒ̣ʰšʒ̣*, *paštû·ʒ̣.ʰ* — *paštŷ·ʒ̣.šʒ̣*, ebenso *dʒ̣* *ʒ̣·y.lšʒ̣* Alte; nach dem Muster dieser ist gebildet *klûkšʒ̣* Bruthenne.

3. in einer Reihe von einzelnen Wörtern, z. B. *pĭtš*
Peitsche, *kŭtš* Kutsche, *lŭtšᶕ* lutschen, *flatšᶕ* antragen, *kĭtš*
Samengehäuse der Äpfel, *ɐatš* Riss, *matš* Dreck, *knatš* Dreck,
klatš Klatsch, *xlĭtšᶕ* gleiten, *ɐytšᶕ* rutschen, *ketšᶕ* aus einem
Stein Feuer schlagen, *flŭtšᶕ* gleiten, *ɐatš* Schlag.

Anm. Wie ist das weit verbreitete *š* in *nũšⁱtᶕx* neugierig zu erklären?

c) Gaumenlaute.

Wgerm. *k* (*c*).

§ 121. *k* (*c*) ist unverschoben erhalten, aber vor betontem
Vokal aspiriert (§ 19), z. B. *kumᶕ* kommen, *kⁱiŋk* Kreis,
mākᶕ machen, *sÿ:kᶕ* suchen, *takᶕ* Zacke, *dāk* Dach, *bŭk*
Bauch, *milk* Milch.

Anm. Nur in wenigen Fällen erscheint *k* als *x*, *sⁱxⁱⁱ* (andd.
sikor) sicher, *tⁱⁱxᶕ* (andd. *tēkan*) Zeichen, *ƒⁱⁱⁱx* (andd. *frēk*) frech, *six* (got.
sik, aber andl. stets *sig*, nndl. *zich*.) sich, *-ḷ₂x* -lich. Die Verschiebung
in diesen Wörtern ist in einem grossen Teile des niederd. Sprachgebiets
aus dem Hd. eingedrungen. Vgl. WAHLENBERG, Die niederrheinische
(nordrheinfränkische) Mundart und ihre Lautverschiebungsstufe, Gymnasialprogramm, Köln, 1871, S. 7.

In der Verbindung *sk* wird *k* zu *š* (§ 118).

Wgerm. *g* (*g*), *γ* (*j*).

§ 122. Der Verschlusslaut *g* (*g*) existierte im Altniederdeutschen nur in der Gemination *gg* (*gg*) und in der Verbindung *ŋg* (*ŋg*). Das geminierte *g* wurde im Auslaut zu *k*, im
Inlaut zu *γ*, z. B. *bⁱyk* Brücke, *myk* Mücke, *ⁱyk* Rücken,
hek Hecke, *vek* Weck, *flyk* schnell. In der Flexion dieser
Wörter erscheint im Inlaut entweder *γ*, oder es drang das
k des Auslauts ein, so stets bei *flyk*. — *liyᶕ* (andd. *liggian*)
liegen, *leyᶕ* (andd. *leggian*) legen, *seyᶕ* (andd. *seggian*) sagen,
tayᶕ zanken, *ⁱoyᶕ* (andd. *roggo*) Roggen.

Anm. In der Flexion von *liyᶕ* und *leyᶕ* kommt kein Verschlusslaut mehr vor; von *seyᶕ* finden sich noch *ik sek* ich sage und *zũ sek*
Sie sagen, in denen aber schon vielfach Reibelaut gesprochen wird;
dagegen erscheint in allen Formen von *tayᶕ* im Auslaut und vor Kons. *k*.
Vgl. § 102.

§ 123. *ŋg* (*ŋg*) ist im Inlaut zu *ŋ*, im Auslaut zu *ŋk*
geworden; daneben kommt aber im Auslaut, besonders in

Nebensilben auch blosses *ŋ* vor, übertragen von den Flexions-
formen mit inlautendem *ŋ*, z. B. *tu·ŋ*. Zunge, *siŋ̥* singen,
i·ŋ. enge, *la·ŋ*. lange, *laŋk* lang, *juŋk* jung, *sĕ́ituŋ* Zeitung.

§ 124. Der Reibelaut *γ* (*j*) ist im Anlaut zu *x* ge-
worden; im Inlaut blieb er erhalten, z. B. *xʊ̈·q̥.t* gross, *xut*
gut, *xat* Loch, *xḗl* gelb, *xit* ihr, *blāγ̥* Kinder, *lī:γ̥* lügen,
soʊγ̥ sorgen.

Anm. 1. Die unbetonte Vorsilbe ge- lautet *x̥* oder *γ̥*.

Anm. 2. Im Inlaut erscheint *x* in *kȫyx̥l* (ahd. *kegil*) Kegel,
tī:x̥l (ahd. *ziagal*) Ziegel.

§ 125. Inlautendes *γ* (*j*) zwischen Vokalen ist ausge-
fallen in *mā:t* (andd. *magath*) Magd, *ė:stʊ̥* (mhd. *egelster*)
Elster, *ĕíntl̥x* eigentlich, *sĕil* (mhd. *sëgel*) Segel, sowie in
den Verbalformen *līq̥s*, *līq̥t*, *lḗs*, *lḗt*, *sḗs*, *sḗt* 2. 3. sg. praes.
von *liγ̥* liegen, *leγ̥* legen, *seγ̥* sagen, *kʊ̈is* 2. sg. praes. von
kʊ̈tγ̥ bekommen.

Wgerm. *x* (*χ*), *h*.

§ 126. *x* (*χ*), *h* blieb im Anlaut vor Vokalen als *h* er-
halten, in der Gemination, in der Verbindung *xt* und im
Auslaut als *x*, z. B. *heʊ̥* haben, *hat* hart, *lax̥* lachen, *nax*
Nacht, *ʊex* recht, *hʊ̈·q̥.x* hoch, dessen *x* inlautend zu *γ* wird:
hȫγʊ̥, *sʊ̈·q̥.x* sah, *x̥ʊ̈·q̥.x* geschah.

Anm. In der Verbindung *xt* fiel *x* aus in *nī:*, *ni*, *nit*, nicht;
nichts lautet *niks*. Im Auslaut fiel *x* ab in *dʊ̈ʊ* (andd. *thuruh*) durch.

§ 127. *x*, *h* ist geschwunden in den anlautenden Verbin-
dungen *xl*, *xr*, *xn*, *x̥*, in der Verbindung *xs* und zwischen
Vokalen, z. B. *lŏupʊ̥* (got. *hlaupan*) laufen, *ʊĕ·i.n* (andd.
hrĕni) rein, *nūt* (ags. *hnutu*) Nuss, *ʊit* (ags. *hwit*) weiss; *vāsʊ̥*
wachsen, *sĕs* sechs; *sīn* sehen, *tī:n* zehn, *slŏn* (andd. *slahan*)
schlagen, *tʃĕ·i.l* (ahd. *dwahila*) Handtuch, *stŏ:l* (ahd. *stahal*)
Stahl, *nŏ:* nahe, nach, *nŏ:bʊ̥* Nachbar, *ʊi·q̥*. Reh, *slĭ·q̥*.
Schlehe, *tʊŏnʊ̥* (ahd. *trahan*) Tränen.

III. Hauptgesetze für die Geschichte der Mundart.

A. Vokaldehnungen.

1. in offener Silbe.

§ 128. Die kurzen Vokale sind in offener Silbe gedehnt worden, und zwar $a > \bar{a}$; $\breve{e}$, $\breve{o}$, $e\breve{o} > \hat{e}$, $\acute{o}$, $\hat{o}$ und $\breve{\imath}$, $\breve{u}$, $\breve{y} > \bar{\imath}$, $\bar{u}$, $\bar{y}$. Bei den kurzsilbigen Wörtern, die auf ursprüngliches p, t, k sowie auf l, m, n, ɔ ausgehen, tritt der gedehnte Vokal aus den obliquen Kasus, wo er lautgesetzlich entstand, auch in den Nominativ.

Vor zwischen Vokalen geschwundenem d werden die so gedehnten Vokale zur Halblänge verkürzt. (§ 147).

A n m. Ein Übergang von $\breve{\imath}$ und $\breve{u}$ in tonlanges e und o hat demnach in unserer Mundart nicht stattgefunden. Wenn sich nun trotzdem in mülheimer Urkunden für $\breve{\imath}$ und $\breve{u}$ in offener Silbe e und o geschrieben findet, so erklärt sich das einfach daraus, dass der Schreiber, dem keine Zeichen für langes offenes i und u zu Gebote standen, diese wie die akustisch nächststehenden Laute bezeichnete, und das waren tonlanges e und o. Dieselbe Erscheinung kann man übrigens heutzutage bei unbefangenen Transskriptionen häufig beobachten.

a.

§ 129. $a > \bar{a}$, z. B. $\bar{a}p\varrho$ (mndd. *ape*) Affe, $f\bar{a}d\check{z}\flat$ (mndd. *vader*) Vater, $h\bar{a}m\check{z}\flat$ (mndd. *hamer*) Hammer, $k\bar{u}m\check{z}\flat$ (mndd. *kamer*) Kammer, $l\bar{a}k\varrho$ (mndd. *laken*) Laken, $l\bar{a}t\varrho$ (mndd. *late*) spät, $\acute{s}m\bar{a}k\varrho$ (mndd. *smaken*) schmecken, ɔ$\bar{a}k\varrho$ (mndd. *raken*) treffen, $x\bar{u}p\varrho$ (mndd. *gapen*) gähnen, $\acute{s}\bar{a}m\varrho$ (mndd. *schamen*) schämen, $b\bar{a}t\varrho$ (mndd. *baten*) nützen, $\acute{s}\flat\bar{a}t\varrho l\varrho$ kreischen, $k\varphi\bar{u}$-$t\varrho\flat\varrho$ weinerlich klagen, $m\bar{a}{:}t$ (mndd. *maget*) Magd, $t\bar{a}{:}l$ (mndd. *tal*) Zahl, $v\bar{u}l$ (andd. *wala*) wohl, $\acute{s}t\bar{u}k\varrho$ m. (mndd. *stake*) Stange, $\acute{s}t\bar{a}l\varrho$ m. (mndd. *stale*) 1. Stuhlbein, 2. Muster, $fl\bar{a}{:}\flat\varrho$ (mndd. *fladern*) ausplaudern, $f\bar{a}t$ (mndd. *vat*) Fass, $n\bar{a}t$ (mndd. *nat*) nass, $d\bar{a}k$ (an. *þak*) m. n. Dach, $t\bar{a}m$ (mndd. *tam*) zahm, $x\bar{a}\flat$ (mndd. *gar*) gar. — Ferner $s\bar{a}t$ (andd. *sad*) satt. — $\bar{a}l$ alle, attributiv mit dem Artikel oder prädikativ gebraucht, dagegen $\grave{a}l\varrho m\acute{o}l\varrho$ alle.

A n m. Eine Ausnahme bildet $x$at n. (mndd. *gat*) Loch, dessen Plural jetzt ebenfalls kurzen Vokal hat, $x$et$\check{\varrho}\flat$.

e.

§ **130.** *e > é*, z. B. *béṭ₂ₒ* (mndd. *beter*) besser, *é:sṭₐₒ·* (mhd. *egelster*) Elster, *kéṭₐl* (mndd. *ketel*) Kessel, *lépₐl* (mndd. *lepel*) Löffel, *téyₐ* (mndd. *tegen*) gegen, *élₐ* (mndd. *ele*) Elle, *ṡφéₐₐ* (mndd. *sweren*) schwören, *bék* f. (mndd. *bekₒ*) Bach, *ṡₐé:x* (mhd. *schrege*) schräge, *ṡé:x* (mhd. *sege*) Säge, *mé:t* Mägde, *ṡlé:x* Schläge.

Anm. 1. *e* ist zu *i* geworden in *dₐi:xₐ, dₐi:x, ji:xₐ, ji:x* 2. 3. sg. praes. von *dₐāyₐ* tragen, *jāyₐ* jagen, sowie in *izₐl* (andd. *esil*) Esel, zu letzterem ist analog gebildet *Vizₐl* Wesel.

Anm. 2. Ganz vereinzelt steht die Entwicklung des *e* zu *öy* in *köyₐₐl* (ahd. *kegil*) Kegel.

ë.

§ **131.** *ë > é*, z. B. *kₐé:ftₐ* f. (mndd. *krëvet*) Krebs, *békₐₒ* (mndd. *beker*) Becher, *fé·ₐ.ₒ* (ahd. *fëdara*) Feder, *lé·ₐ.ₒ* (ahd. *lëdar*) Leder, *lé:x* (mhd. *lëdic*) ledig, leer, *ṡpₐékₐ* (mndd. *sprëken*) sprechen, *lézₐ* (mndd. *lësen*) lesen, *ₐékₐ* (andd. *wika*, ahd. *wëhha*) Woche, *léₐₐ* (an. *lifa*, ahd. *lëbén*) leben, *mél* (mndd. *mël*) Mehl, *ₐél* (mndd. *gël*) gelb, *ṡméₐₐx* (mndd. *smërich*) schmierig.

ĭ.

§ **132.** *ĭ > ī*, z. B. *sivₐ* (andd. *sibun*) sieben, *nīyₐ* (andd. *nigun*) neun, *vītₐ* (andd. *witan*) wissen, *ṡpīlₐ* (andd. *spilón*) spielen, *ṡpīl* (mhd. *spil*) Spiel, *kₐīyₐl* (andd. **krigil*) munter, *tī:f* (mndd. *teve*) Mutterhund, *vītₐ* (mndd. *rete*) f. Ritze, *bₐₒ* (ahd. *bira*) Birne.

Anm. Kurz bleibt das *i* in *ṡip* Schiff, vielleicht in Anlehnung an *ṡipₐₒ* Schiffer. Der Plural lautet regelmässig *ṡipₐ*.

ŏ.

§ **133.** *ŏ > ó*, z. B. *bóvₐ* (andd. *bi oðan*) oben, *hózₐ* (ags. *hose*) Strümpfe, *knókₐ* (mndd. *knoke*) Knochen, *kótₐ* m. (ags. *cote*) Bauernhof, *pótₐ* (mndd. *poten*) pflanzen, *ólₐx* m. (andd. *olig*) Öl, *ópₐ* (andd. *opan*) offen, *bó:m* (andd. *bodom*) Boden, *ṡlót* (mndd. *slot*) Thürschloss, *ṡót* n. (mndd. *schot*) Schublade, *dₐópₐ* (mndd. *drope*) Tropfen.

ŏ.

§ **134.** *ŏ > ó*, z. B. *ₐótₐ* Gosse, *ṡlótₐₒ* Schlösser, *óvₐₒ* über.

ŭ.

§ 135. *ŭ > ū,* z. B. *dūₐ* (andd. *thuruh*) durch, *fūγₐl*
(andd. *fugal*) Vogel, *kūγₐl* (mhd. *kugel*) Kugel, *sūn* (andd.
sunu) Sohn, *xū:zdax* (mndd. *gudensdach, godensdach*) Mittwoch,
nūt (ags. *hnutu*) Nuss.

A n m. Kurz geblieben ist *u* in *kumₑ* (andd. *kuman*) kommen, vgl.
FRANCK, Mndl. Gr., § 44.

 y̆.

§ 136. *y̆ > ȳ,* z. B. *dȳₐ* (andd. *duri*) Thür, *ȳₑₐl* (andd.
ubil) übel, *kȳnₐx* (andd. *kuning*) König, *kȳkₐ* (ags. *cycene*)
Küche, *slytₐl* (andd. *slutil*) Schlüssel, *flȳγₐl* (mhd. *vlügel*:
Flügel, *bₐȳγₐl* m. Überbrückung, Steg, *s̆ȳtₐ* m. Knicker,
bȳₐₐ (an. *byrja*) heben, *Ĵȳ:t* (andd. *Judeo*) Jude, *bȳ:n* (mhd.
bűne) m. Boden, Speicher.

**2. vor Konsonantenverbindungen, deren erster
ausfiel.**

a) vor r + Alveolar.

§ 137. Vor *r* + Alveolar sind die kurzen Vokale gedehnt
worden, und zwar *a > ā, ë* und *e > ē, ŏ > ō, ő > ő̄, ŭ* (das
bereits vorher nach § 172 zu *o* geworden war) *> ō, y̆ > o >
ő*, worauf dann das *ₐ* allgemein ausfiel. Auch *i̯* erfuhr vor
r + Alveolar Dehnung, schlug aber, indem sich *ₐ* vokali-
sierte, einen anderen Weg der Entwicklung ein (§ 94).

a.

§ 138. *a > ā,* z. B. *āt* Art, *bāt* Bart, *xādₐ* Garten,
xān Garn, *kātₐ* Karte, *tātₐ* (frz. *tarte*) Torte, *ās̆* Arsch, *s̆qā:t*
Schwarte, *Sā:n* Saarn, *Kā:l* Karl.

A n m. Kurz blieb das *a* in *hat* hart, *s̆qat* schwarz, *ratₐ* Warze,
s̆patₐlₐ (mndd. *spartelen*) zappeln, *pánas* (*harst* Braten) ein aus Wurst-
brühe und Buchweizenmehl zusammengekochter Brei, *pótas* Schlachte-
schüssel; in den beiden letzten Wörtern ist die Dehnung in nebentoniger
Silbe unterblieben.

ë, e.

§ 139. *ë, e > ē,* z. B. *vēdₐ* werden, *vēt* wert, *ē:t* Erde,
xēstₐ Gerste, *s̆tē:n* Stern, Stirn, *xē:n* gern, *ē:ns* ernst, *kē:n*

Kern,· *hēt* Herd, *feš* Vers, *fešʒ* Ferse, *kē:l* Kerl. — *pēt* Pferd, *fēdʒx* fertig.

Anm. Das Deminutiv von *pēt* lautet *patiʒ*. Ebenso erscheint *a* in allen Zusammensetzungen von Pferd, z. B. *patʒflēiš* Pferdefleisch, *patʒka·ʒ*. Pferdekarre, *patʒxlyk* Pferdeglück, grosses Glück, (§ 171).

ŏ.

§ 140. *ŏ* > *ō*, z. B. *bōt* Bord, *ōt* ¹/₄ Liter, *cōt* Wort, *pōtʒ* (andd. *porta*) Pforte, *dōn* Dorn, *hōn* Horn, *kōn* Korn, *kō:l* f. (mndd. *korde*) Kordel.

Anm. Kurz blieb das *o* in *fot* fort, *fodʒxʒ* fordern, *odʒʒ* f. (frz. *ordre*) Auftrag, Befehl.

ŏ̈.

§ 141. *ŏ̈* > *ō̈*, z. B. *cō̈:t* Worte, *dō̈:n* Dornen, *hō̈nʒʒ* Hörner.

ŭ.

§ 142. *ŭ* > *o* > *ō*, z. B. *bōš* Brust, *dōš* Durst, *cōš* Wurst, *tōn* Turm, *bōsʒl* (mndd. *borstel*) Bürste, *kōstʒ* Kruste.

Anm. Kurz blieb das *o* in *kot* kurz, *votʒl* Wurzel, *šótʒldǜ:k* m. (mndd. *schortelddk*) Schürze, *hávʒxótʒ* (mndd. *gorte*) Hafergrütze.

ŷ.

§ 143. *ŷ* > *o* > *ō̈*, z. B. *tō̈:n* Türme.

b) vor xs.

§ 144. In der Verbindung *xs* ist das *x* unter Dehnung des vorhergehenden Vokals ausgefallen, z. B. *dās* Dachs, *flās* Flachs, *cās* Wachs, *cāsʒ* wachsen; *sēs* sechs, *cēsʒlʒ* wechseln; *fōs* Fuchs, *ósʒ* Ochse.

3. vor mb, mp, nd, nt, ld, lt.

§ 145. Auch vor *mb*, *mp*, *nd*, *nt*, *ld*, *lt* haben die kurzen Vokale Dehnung erfahren, über die, da sie mit Diphthongierung verbunden ist, § 159 gehandelt wird.

4. vor stimmlosen Reibelauten.

§ 146. Weit jünger als die in den vorigen §§ besprochenen Dehnungen ist diejenige, welche die kurzen Vokale, sowohl die ursprünglich kurzen wie die erst sekundär aus alten

Längen und Diphthongen entstandenen (§ 156), vor den stimmlosen Reibelauten *f, x, s, š* erfahren. Diese Dehnung findet aber nur in stark durch den Akzent hervorgehobenen Wörtern statt; sie ist deshalb in der bisherigen Darstellung unberücksichtigt geblieben. Am regelmässigsten tritt diese Dehnung ein, wenn auf den Reibelaut ein Sonant folgt, z. B. *flēšᵨ* Flasche, *kῡsᵨ* küssen, *tɛ̄fᵨ* treffen, *lāxᵨ* lachen. In diesem Falle findet die Dehnung sogar zuweilen statt, wenn keine starke Hervorhebung durch den Akzent vorliegt. — Ebenso findet sich die Dehnung ziemlich durchgängig, wenn der Reibelaut wortschliessend steht, z. B. *štōf* Staub, *šmāx* Hunger, *nīs* Nest, *fiš* Fisch. Wird der auslautende Reibelaut im Satzzusammenhang stimmhaft, so unterbleibt die Dehnung, z. B. *sɛx* sage, aber *seyɛ̌s* sage einmal. — Folgt auf den Reibelaut ein eine neue Silbe anlautender Konsonant, so kann ebenfalls Dehnung eintreten, vielfach bleibt aber die Kürze erhalten. Im Allgemeinen lässt sich sagen, dass, je stärker ein Wort betont ist, um so mehr die Neigung zur Dehnung sich geltend macht.

B. Vokalkürzungen.

1. vor folgendem Vokal.

§ 147. Sämtliche langen Vokale, sowohl die alten Längen und Diphthongen entsprechenden wie die in offener Silbe aus alten Kürzen entstandenen, werden vor einem unmittelbar folgenden Vokal — in der Regel nach Ausfall eines intervokalischen *d* vor ᵨ — halbkurz, die zirkumflektiert betonten unter Aufgabe der Zirkumflexion.

Beispiele: 1. *ā > ŏ: > ŏ̆*, z. B. *ᴠŏŏᵨ* raten, *bᴠŏŏᵨ* braten. *ē > ī: > ῐ̆*, z. B. *mῐ̆ᵨ* mieten. *ī > ῐ̆*, z. B. *ᴠῐ̆ᵨ* reiten, *vῐ̆ᵨ* Weiden. *ō > ū: > ῠ̆*, z. B. *blῠ̆ᵨ* bluten. *ȫ > ÿ: > ẙ̆*, z. B. *hẙ̆ᵨ* hüten. *ū > ῠ̆*, z. B. *lῠ̆ᵨ* lauten. *ÿ > ẙ̆*, z. B. *lẙ̆ᵨ* läuten. *ëŏ > ī: > ῐ̆*, z. B. *bῐ̆ᵨ* bieten. *ῐ̆ŭ > ÿ > ẙ̆*, z. B. *bᵨdẙ̆ᵨ* bedeuten.

2. *a > ā > ȧ*, z. B. *bᵨśtȧᵨ* (mndl. *bestaden*) heiraten, *tᴠȧᵨ* (andd. **tradan, *tradôn*) treten. *ĕ > ĕ́ > ĕ̆*, z. B. *bĕ̆ᵨ* beten. *ῐ̆ >*

ĭ > ĭ̆, z. B. *ŝlĭ̭* Schlitten, *rĭ̭* ritten. ŏ > ŏ̂ > ŏ̆, z. B. *bŏ̆ŗ*
boten. ŏ̈ > ŏ̂ > ŏ̈, z. B. *bŏ̈ŗ* böten. ў > ў̄ > ẏ, z. B. *J̃ẏ̆* Juden.

§ 148. Wenn ein Vokal unmittelbar auf einen Diphthong
folgt, so erscheint der zweite Komponent des letzteren über-
kurz (§§ 65, 73, 75, 60, 81, 156 ff.).

2. vor mehrfacher Konsonanz.

§ 149. Vor mehrfacher Konsonanz sind lange Vokale
und Diphthonge vielfach verkürzt worden und zwar 1) vor
ursprünglichem *zt*, *ft*, *nt*. 2) vor Verschlusslaut + Kon-
sonant, unabhängig davon, ob letztere Verbindungen alt oder
erst durch Synkope zusammengetreten waren. Auch vor
anderen Verbindungen ist bisweilen Verkürzung eingetreten,
die sich aber auf einzelne Fälle beschränkt; letztere werden
im Folgenden an geeigneter Stelle angeführt. Im Übrigen
vgl. die Formenlehre.

§ 150. Verkürzung vor *zt*, *ft*, *nt*. Beispiele: *lix* (andd.
lioht) Licht, *lyxt̥* (andd. *liuhtian*) leuchten, *lyxt̥ɔ* Leuchter,
Laterne, *lix* (got. *leihts*) leicht, *lixt̥* f. Tragband, *uxt̥* (andd.
ühta) Morgendämmerung, *fux* (andd. *füht*) feucht, *dux* (andd.
thûhta) deuchte, *sux* (andd. *sôhta*) suchte, *dax* (andd. *thâhta*)
dachte, *kox* kaufte, *zlox* glaubte, *hŏxtĭt* Hochzeit; *fĭftɐx*
(andd. *fĭftig*) fünfzig; *tɕintɐx* (andd. *twéntig*) zwanzig. Bei
den Pluralformen der Verba *dūn* thun, *zŏn* gehen, *ŝtŏn* stehen,
ŝlŏn schlagen, *sīn* sehen: *dunt*, *zont*, *ŝtont*, *ŝlont*, *sĭnt* fragt es
sich, wie weit sie Analogiebildungen zu *sĭnt*, dem Plural von
sīn sein, sind. Verkürzung vor *st* in *dȳstɐɔ* (andd. *thiustri*)
düster, *fɔɔbĭstɐɔt* verwirrt, *mus* (andd. *môsta*) musste; aber
füs Faust, *meistɐɔ* Meister — doch *mĭstɐɔ* Schulmeister.

§ 151. Verkürzung vor Verschlusslaut + Konsonant.
Beispiele: *knȳts* (mhd. *kriuz*) Kreuz, *zĭtsɐx* (zu ags. *gitsian*)
geizig, *dȳtŝ* (ahd. *diutisk*) deutsch, *tɐxlĭks* (zu andd. *gilĭk*)
zugleich, *zɐŝpuks* (zu *ŝpū:kɐ*) Gespenst, *bĕts* beide.
Insbesondere kommen hier noch folgende Klassen von
Beispielen in Betracht:

1. die Dominutiva, z. B. *zādɐ* Garten — *zatŝɐ*, *pēt*
Pferd — *patŝɐ*, *mā:t* — *metŝɐ* Mädchen, *fāt* Fass — *fɐtŝɐ*,

šlō:p Schlaf — *šlǝpkᶎ*, *bīt* — *bitšᶎ* bisschen, *lī:t* Lied — *litšᶎ*, *knôkᶎ* Knochen — *knǝkskᶎ*, *kÿkᶎ* Küche — *kykskᶎ*, *kɞtkᶎ* Krug — *krÿkskᶎ*, *knŏup* Knopf — *knĕpkᶎ*, *bɞúˑᶎ.t* Brot — *bɞĕtšᶎ*; hierzu kommt noch *blū:m* Blume — *blymkᶎ*, sowie *ĕfkᶎs* eben zu *évᶎs*.

2. die mit dem Suffix *-dᶎ* (< *-itha*) gebildeten Substantiva, z. B. *bɞĕdᶎ* Breite, *diptᶎ* Tiefe, *xɞĕtᶎ* Grösse, analog *hŏxtᶎ* Höhe.

3. die mit einem unorganischen Suffix *-dᶎɞ* gebildeten Komparativa, z. B. *ɞít* weit — *vïdᶎɞ*, *bɞĕit* breit — *bɞĕdᶎɞ*, *xɞúˑᶎ.t* gross — *xɞĕdᶎɞ*. In letzterem Beispiel ist die Assimilation des *t* an das *d* der Endung zu beachten. Dieselbe Verkürzung zeigen *klĕˑi.n* klein — *klindᶎɞ*, *ɞĕˑi.n* rein — *ɞindᶎɞ*.

4. Die 2. 3. sg. praes., z. B. *bïtᶎ* beissen — *bït*, *šī:tᶎ* schiessen — *šÿt*, *kɞúpᶎ* kriechen — *kɞÿp*, *šlō:pᶎ* schlafen — *šlo:p*, *lō:tᶎ* lassen — *lŏt*, *ɞū:pᶎ* rufen — *ɞyp*, *lŏupᶎ* laufen — *lŏp*, *štúˑᶎ.tᶎ* stossen — *štĕt*, *flŏytᶎ* flöten — *flŏt*, *dŏypᶎ* taufen — *dŏp*. Diese Verkürzung tritt auch ein bei einigen Verben auf *l* und *n*, *bᶎtälᶎ* bezahlen — *bᶎtalt*, *fÿːlᶎ* fühlen — *fylt*, *špÿːlᶎ* spülen — *špylt*, *špīlᶎ* spielen — *špilt*, *dīːnᶎ* dienen — *diˑn.t*, *līᶎnᶎ* leihen — *lint*, *vūᶎnᶎ* wohnen — *vunt*.

5. Das Praet. und Verbaladj. schwacher Verba, z. B. *bätᶎ* nützen — *badᶎ* *xᶎbat*, *flŏytᶎ* flöten — *flŏdᶎ* *xᶎflŏt*, *dŏypᶎ* taufen — *dŏptᶎ* *xᶎdŏp*. Ebenso zeigen die unter 4 genannten Verba auf *l* und *n* in diesen Fällen Verkürzung, z. B. *bᶎtaldᶎ* *bᶎtalt*, *vundᶎ* *xᶎvunt* u. s. w.

3. vor Fortis, bewirkt durch folgendes *r*, *l*, *γ*.

§ 152. 1. In manchen Fällen ist ein langer Vokal oder Diphthong, auf welchen eine Lenis folgte, dadurch verkürzt worden, dass ein *r*, *l* oder *γ* der folgenden Silbe die Lenis zur Fortis verschärfte, z. B. *lŭtᶎɞ* (ags. *hlútor*) lauter, *ízᶎɞ* (got. *eisarn*) Eisen, *Pítᶎɞ* Peter, *hunᶎɞ* (zu *hūn*) Hühner, *hŏγᶎɞ* (zu *húˑᶎ.x*) höher, *hilᶎx* (andd. *hêlag*) heilig, *inᶎyᶎ* (andd. *ênig*) einige, *vinᶎx* (ahd. *wênag*) wenig.

2. Aus demselben Grunde sind in einigen Wörtern die in offener Silbe gedehnten Vokale wieder verkürzt worden, wenn nicht vielmehr in diesen Fällen die Dehnung über-

haupt unterblieben ist, *butᶎ* (ahd. *butera*) Butter, *dunᶎ* (andd. *thunar*) Donner, *sumᶎ* (andd. *sumar*) Sommer, *cᴠᶎ* aber, *sölᶎ* (andd. *soleri*) Söller, *šytᶎl* (an. *skutill*) Schüssel, *pᶎedᶎyᶎ* (ahd. *prēdigón*) predigen, *šebᶎx* hässlich (vgl. ne. *shabby*).

4. vor einfacher Konsonanz.

§ 153. In einigen Wörtern ist ohne ersichtlichen Grund *i̇*, *u̇* und *y̆* verkürzt worden, *si̇t* (ags. *sīde*) Seite, *bŭk* (andd. *bŭk*) Bauch, *štŭkᶎ* (andd. *stūkan*) stauchen, *xut* (andd. *gód*, mndd. *gud*) *by̆·l.* (mhd. *biule*) Beule, *by̆·l.* (mhd. *biutel*) Beutel, *hy̆lᶎ* (mhd. *hiulen*) heulen, *ky̆lᶎ* (mhd. *kiule*) Hodensack. Die Kürzung des *i̇* in *mi̇n* mein, *di̇n* dein, *si̇n* sein ging von dem proklitischen Gebrauch dieser Formen aus.

C. Diphthongierungen.

§ 154. Die Diphthongierung von *ē* (= wgerm. *ai̇*) > *ï·q.*, *ō* (= wgerm. *au̇*) > *u̇·q.*, *ō̈* (= *ï*-Umlaut von wgerm. *au̇*) > *y̆·q.* ist bereits §§ 74, 77, 79 besprochen. Im Folgenden werden die Diphthongierungen behandelt, welche die Vokale in gewissen Stellungen und vor gewissen Konsonantenverbindungen erfahren haben.

1. im Auslaut und vor ᶎ.

§ 155. Im Auslaut und vor einem (nach Ausfall eines *ĭ*, *ŭ* oder *h*) unmittelbar folgenden *ᶎ* der Endung, sind *i̇*, *u̇*, *y̆* (*ï*-Umlaut von wgerm. *u̇* oder = wgerm. *ĭŭ* oder *ï*-Umlaut von wgerm. *ō*) diphthongiert worden und zwar *i̇* > *ï̈*, *u̇* > *uü̈*, *y̆* > *yü̈*.

Anm. Dieses Gesetz hatte bereits ausgewirkt, als *d* zwischen Vokalen schwand. Vgl. aber § 158 Anm. 3.

i̇.

§ 156. *i̇* > *ï̈*, z. B. *mi̇ï* mir, *di̇ï* dir, *vi̇ï* wir, *xi̇ï* (andd. *gi*) ihr, *bi̇ï* bei, *dᴠï̈* (mhd. *drî*) drei, *bli̇ü̈* (mndl. *blî*) Blei, *bᴠi̇ï* (mndl. *brî*) Brei, *ni̇·ï̈.* neu (< *nîe*), *fᴠi̇ï* (mndl. *vrî*) frei, *fᴠi̇ᶎ* (mndl. *vrîjen*) freien, *špi̇ᶎ* (mndl. *spîen*) speien, *šni̇ᶎ* (mndd. *snîen*) schneien.

Anm. Statt *ni̇·ï̈.* neu wird neuerdings vielfach das nach dem Hd. neugebildete *nyï̈.* gebraucht.

û.

§ 157. *û* > *uŭ*, z. B. *nuŭ* (ahd. *nů*) nun, *duŭ* du, *t̄uŭẹ*
(andd. *trûôn*) trauen, vertrauen, *ŝuŭẹ* (mndl. *schûwen*) scheuen,
ŝuŭ (nndl. *schuw*) scheu, letztere beiden Beispiele mit altem
û aus ursprünglichem *îŭ.* Anm. Eine andere Entwicklung zeigen *b̄uẹ* (andd. *bûan*) bauen,
kẹuẹ (mndl. *kûwen*) kauen, *b̄uẹ* (mndl. *brûwen, brouwen*) brauen, *t̄uẹ*
(mndd. *trûwen, trouwen*) heiraten. Vgl. § 158 Anm. 1 u. 3.

ŷ.

§ 158. *ŷ* > *yy̆.* 1. *ŷ* < *î*-Umlaut von wgerm. *û*, z. B.
dyy̆ẹ (mhd. *diuhen*) drücken. Anm. 1. Wie erklärt sich *klǝyẹl* (mhd. *kliuwel*) Knäuel? Vgl.
Anm. 3 und § 157 Anm.

2. *ŷ* < wgerm. *îŭ*, z. B. *syy̆* (andd. *siu*) sie (stark betont),
t̄yy̆ (andd. *triuwi*) treu. Anm. 2. *îŭ* ist frühzeitig zu *û* geworden und erscheint daher
jetzt als *uŭ* in *uŭ* (andd. *iu*) euch.

3. *ŷ* < *î*-Umlaut von wgerm. *ō*, z. B. *blyy̆ẹ* (mndl. *bloeien*)
blühen, *ryy̆ẹ* (mndl. *roeien*) rudern, *ŝyy̆ẹ* (mndl. *schroeien*)
sengen, anbrennen, *ky·y̆.* (mndl. *koeie*) Kühe. Anm. 3. Mit *b̄yy̆ẹ* (mndl. *broeien*) brühen ist *b̄yy̆ẹ* (mndl. *broeden*)
brüten zusammengefallen. Wie erklärt sich aber *b̄ǝ·y.* (mndl. *broeie*)
Brühe? Vgl. Anm. 1 und § 157 Anm.

2. vor *mb, mp, nd, nt, ld, lt.*

§ 159. Vor *mb, mp, nd, nt, ld, lt* sind die kurzen Vo-
kale gedehnt und weiterhin diphthongiert worden und zwar
a > *ɔu*, *e* > *ɛi*, (der *î*-Umlaut des aus *a* vor *ld, lt* entstan-
denen *ɔu* > *ǝy*), *ĕ* > *ɛi*, *i* > *îŭ*, *o* > *ŏu*, *o* > *ŏy*, *u* > *uŭ*, *y* > *yy̆*. Diese
Diphthongierung fand früher statt als der Schwund des *b*
nach *m* und der des *d* nach *n* und *l.*

a.

§ 160. *a* > *ɔu*, z. B. *kɔump* (ahd. *kamb*) Kamm, *dɔump*
Dampf, *kɔump* Krampf, *lɔumpẹ* Lampe, *ɔunẹ* ander, *bɔunt*
Band, *hɔunt* Hand, *hɔunŝẹ*, *houŝẹ* Handschuh, *b̄ɔunt* Brand,
lɔunt Land, *hɔunǝlẹ* handeln, *kɔuntẹ* Kante, *mɔ·u.n* f. (mndd.
mande) Korb, *pɔunt* Pfand, *sɔunt* Sand, *ŝɔ·u.n* Schande,

šmɔunt Schmand, Sahne, *ɔɔunt* Rand, *fɔɔśtɔunt* Verstand, *tɔunt* (mndl. *tant*) Zahn, *vɔunt* Wand, *xɔśtɔunɔ* gestanden, *kɔunt* kannte, *ɔult* alt, *ɔultɔɟšɔɔ* Althändler, *kɔult* kalt, *hɔulɔ* halten, *fɔulɔ* falten, *xɔśtɔult* Gestalt, *moult* Malz, *sɔult* Salz, *moulɔɔ* Malter, *šmɔult* Schmalz. *ā > ɔu* in *nɔ·u.l* (mndl. *nɑ̈lde*) Nadel.

Anm. 1. *tantɔ* Tante ist hd. Lehnwort.

Anm. 2. Vor *ns* trat Dehnung und Diphthongierung des *a* ein in *xɔ·u.s* Gans, in dem dann später das *n* ausfiel (§ 97 und 164 Anm.). Es entspricht dem ndl. schwach deklinierten *gans*. Auf dem Lande heisst es noch *xɔuɔɔn* im Plural, während man in der Stadt meist in Anlehnung an das Hd. *xɔ·y.s* sagt.

e.

§ 161. *e* vor *mb, mp, nd, nt > ɛi,* z. B. *kɛimɔ* kämmen, *dɛimpɔ* dämpfen, *ɛinɔɔ* ändern, *lɛinɔɔ* Länder, *pɛinɔ* pfänden, *hɛ·i.nɔ̈ɔ* Händchen, *fɔɔśtɛinɔx* verständig.

Anm. *entɔ* ist wohl hd. Lehnwort.

§ 162. Der *ĭ*-Umlaut des *ɔu* (< *a* vor *ld, lt*) > *ɔy,* z. B. *ɔylɔɔ* älter, *kɔylɔɔ* kälter, *hɔ·y.lt* hält, *xɔɔɔylɔx* gewaltig.

ë.

§ 163. *ĕ* vor *ld, lt > ɛi,* z. B. *xɛilt* Geld, *fɛilt* Feld, *śtɛiltɔ* Stelzen, *śɛilɔ* schelten, *mɛ·i.l* f. Melde, *Śpɛilɔɔɔp* Speldorf (LACOMBLET I, 188 *Speldorpa*).

Anm. *mɛldɔ* ist hd. Lehnwort. — Eine andere Entwicklung zeigt *xilɔ* (andd. *gĕldan*) gelten.

ĭ.

§ 164. *ĭ > iĭ,* z. B. *tiĭmpɔ* m. (mndd. *timpe*) Zipfel, *kɔiĭmpɔ* (mndd. *krimpen*) einlaufen, sich zusammenziehen, *iĭmɔɔ* Eimer (andd. *ĕmbar*, dessen *ĕ* zunächst verkürzt und dann zu *i* wurde), *biĭnɔ* binden, *fiĭnɔ* finden, *bliĭnt* blind, *kiĭnt* Kind, *viĭnt* Wind, *viĭntɔɔ* Winter, *biĭnɔl* m. (mndd. *bendel*) Band, *iĭnt* (mndd. *ende*) Ende — in den beiden letzten Wörtern war das *i* nach § 175 bereits aus *e* entstanden, als die Dehnung vor *nd* eintrat —, *viĭlt* wild, *śmiĭltɔ* schmilzen, schmelzen.

Anm. 1. Vor *ns* trat Dehnung und Diphthongierung ein in *piĭstɔ* Pfingsten und *diĭzdax* Dienstag (§ 97 und 160 Anm. 2).

Anm. 2. In *klymɔ* klimmen, klettern (ags. *climban*, mndd. *klemmen*) hatte sich das *b* dem *m* bereits assimiliert, ehe die Dehnung vor *mb* eintrat. — *bilt* Bild, *śilt* Schild sind jedenfalls hd. Lehnwörter.

ŏ.

§ 165. ŏ vor *ld, lt* > *ŏu,* z. B. *hŏult* Holz, *bŏultҿ* Bolzen, *vŏ·u.l* wollte, *sŏ·u.l* sollte.

Anm. *zŏlt* Gold, *zŏldҿ* golden sind hd. Lehnwörter.

ŏ̈.

§ 166. ŏ̈ vor *ld, lt* > *ŏ̈y,* z. B. *hŏ̈yltҿ* hölzern, *vŏ̈·y.l, sŏ̈·y.l* Opt. zu *vŏ·u.l, sŏ̈·u.l.*

ŭ.

§ 167. ŭ > *uŭ,* z. B. *kuŭmpҿ* f. (mhd. *kumpf*) Schüssel, *kluŭmpҿ* m. 1. Klumpen, 2. Holzschuh, *puŭmpҿ* Pumpe, *buŭnt* bunt, *zɔuŭnt* Grund, *puŭnt* Pfund, *huŭnt* Hund, *huŭnҿnt* hundert, *uŭnҿɔ* unter, *bҿsuŭnҿs* besonders, *zҿsuŭnt* gesund, *štuŭnt* stand, *fuŭnt* fand, *vuŭnt* wund, *špuŭnt* Spund, *šuŭlt* Schuld, *šuŭlҿɔ* Schulter, *zҿduŭlt* Geduld.

Anm. *štu·n.t* Stunde ist hd. Lehnwort.

ÿ.

§ 168. ÿ > *yÿ,* z. B. *yÿnҿɔ* unter, in Zusammensetzungen wie *yÿnҿɔbukšҿ* Unterhose, *yÿnҿɔjakҿ* Unterjacke etc., *yÿnҿstҿ* unterste, *vyÿnҿɔɔ* wundern, *kyÿlҿx* schuldig, *zҿdyÿlҿx* geduldig, — ferner *fɔyÿnt* Freund.

Anm. Vor *l* wird in diesen Wörtern statt *uŭ, yÿ* vielfach auch *ŏu* und *ŏ̈y* gesprochen.

D. Veränderungen der Vokale vor r und r-Verbindungen.

1. vor r.

§ 169. Vor *r* sind die weiten Vokale ī: (< ē, ŏ̈), ū: (< ō), ÿ: (< ō̈) zu den engen f:, ů:, y: geworden, die vor silbenschliessendem ɔ als ī·ҿ., ů·ҿ., ÿ·ҿ. gesprochen werden, (§ 10).

1. ī: (< ē) > f:, z. B. *hi:* (andd. *hér*) hier; das ɔ ist später abgefallen.

2. ī: (< ŏ̈) > f:, z. B. *dī·ҿ.ɔ* Tier, *fī·ҿ.ɔ* vier, *štī·ҿ.ɔ* Stier, *bī·ҿ.ɔ* Bier, *nī·ҿ.ɔ* Niere, *pī·ҿ.ɔ* f. (nndl. *pier*) Regenwurm.

3. ū: (< ō) > ů:, z. B. *bɔ ů·ҿ.ɔ* Bruder, *knů·ҿ.ɔ* Schnur, *fů·ҿ.ɔ* Futter, *fů:ɔҿ* füttern.

4. *ȳ*: (< *ō*) > *ẏ*:, z. B. *mẏ̈·ꝛ.ᴣkꝛ* weibliches Kaninchen, *ṡnẏ̈·ꝛ.ᴣkꝛ* Schnürchen.

§ 170. Der zweite Bestandteil der Diphthonge *ï·ꝗ.*, *ú·ꝗ.*, *ẏ·ꝗ.* sinkt vor *ᴣ* zum blossen Übergangslaut herab, der vor silbenschliessendem *ᴣ* stets als *ꝗ* erscheint, im Übrigen aber in der Regel nicht besonders hervortritt, z. B. *ï·ꝗ.ᴣ* Ehre, *ï·ꝗ.ᴣ* eher, *lï·ꝗ.ᴣ* Lehre, *kï·ꝗ.ᴣ* (ahd. *kéra*) Mal, *mï·ꝗ.ᴣ* mehr, *ṡï·ꝗ.ᴣ* Schere; *paṡtú·ꝗ.ᴣ* Pastor, *vú·ꝗ.ᴣ* war; *klẏ·ꝗ.ᴣ* Farbe, *vẏ·ꝗ.ᴣ* wäre.

2. vor *r*-Verbindungen.

§ 171. Während in den in § 139 angeführten Wörtern *ë* vor *r* + Alveolar zu *ē* gedehnt worden ist, ist es in den nicht von der Dehnung betroffenen Wörtern zu *a* geworden, z. B. *hatꝛ* Herz, *ṡtat* Sterz, Schwanz, *bḗkṡtàtṡꝛ* n. Bachstelze, *-vats* -wärts, *Vadꝛ* (*Werthina*) Werden, *tꝗas* quer, *bastꝛ* bersten, *vátsŭ̀s* Wirtshaus (wenig mehr gebräuchlich), *kázbï̀ᴣ* (mhd. *kërsebër*) Stachelbere, *daṡꝛ* dreschen, *patṡꝛ* Pferdchen, dagegen *pēt* Pferd; ferner *datꝗx* (andd. *thritig*, Lacomblet III, 302 *dartich*) dreissig, *ë* vor *rr* (< *rw*) > *a* in *ta·ᴣ*. (me. *terre*) Teer, *taᴣꝛ* teeren.

§ 172. *ŭ* vor *rr* und *r* + Kons. > *o*, z. B. *poᴣꝛ* (mndd. *purren*) stochern, *ṡoᴣꝛ* (mndd. *schurren*) schurren, *ṡnoᴣꝛ* schnurren, *knoᴣꝛ* knurren, *knoᴣx* knurrig, *voᴣꝛ* (mndd. **wurren*) verwirren, *vo·ᴣ*. Wirre, weitere Beispiele, in denen vor *r* + Alveolar Dehnung eingetreten ist, siehe § 142.

Anm. Ausgenommen ist *tuᴣꝛ* (mndd. *turren*) surrend fliegen.

§ 173. *ẏ* vor *rr* und *r* + Kons. > *ө*, z. B. *dө·ᴣ*. dürre, *plөᴣꝛ* f. pl. (Woeste *plurren*) Lumpen, *dөᴣvꝛ* dürfen, *dөᴣpꝛl* m. Schwelle (§ 143).

E. Einwirkung der Nasale auf vorhergehendes *e*.

§ 174. Wie im Mndd. und Mndl. in unserer Mundart *e* vor *n* + Konsonant und *ŋg* zu *i* geworden, z. B. *minṡ* (mndl. *minsche*) Mensch, *sintᴣᴣ* (mndl. *sinte*) Sankt, *diŋkꝛ* (mndl. *dinken*) denken, *ï·ŋ.* (mndl. *inghe*) enge, *iŋꝛl* (mndl. *inghel*) Engel, *miŋꝛ* (mndl. *minghen*) mengen, *hï·ŋ.s* (mndd.

hingest) Hengst, *iŋkₐls* (mndl. *inket*) Dinte, *iŋkₐl* m. (inndd. *enkel*) Fussknöchel, *hiŋkₐman* m. Henkelgefäss; ebenso *ë* > *i* in *finstₐɔ* (mndd. *vinster*) Fenster.

Vor *nn* trat dieser Übergang nicht ein, z. B. *kenₐ* kennen, *xₐtenₐ* gewöhnen — nach letzterem richtete sich *xₐvendₐ* Gewohnheit —, ferner nicht in *pens* m. Wanst, *pʋeŋₐl* m. Knüttel, *ŝʋeŋₐl* Schwengel.

Anm. *ŝeŋkₐ* schenken ist hd. Lehnwort.

F. Labialisierung.

§ 175. *i* vor *m* > *y*, z. B. *ym* ihm, *klymₐ* klettern, *ŝymₐl* Schimmel, *nymp* nimmt; ebenso das aus wgerm. *ëö* entstandene *i*, z. B. *ymₐs* jemand, *nymₐs* niemand, *ymₐɔ* immer.

Anm. *ŝtïm*. Stimme, *himₐl* sind jedenfalls hd. Lehnwörter.

§ 176. Vor anderen Konsonanten findet Labialisierung nur in beschränktem Masse statt: *ȳɔ* ihr kann sich nach *ym* ihm gerichtet haben, *bys* bist, *ys* ist, *bys* bis (hd. Lehnwort), *yt* es, auf ein weibliches Wesen bezogen, *xy·n*. dort, *xynsït* jenseits, *fö·l*. viel, wenn hier nicht vielleicht eine andere Form zu Grunde liegt. Auffällig ist der Übergang des *i* > *ö* in *vös* willst.

G. Metathesis.

§ 177. Abgesehen von *nɔ·u.l* (got. *nêplu*, mndl. *nâlde*) Nadel findet sich Metathesis nur bei *r*. Beispiele sind: *bōs* (mndl. *borst*) Brust, *kōstₐ* (mndd. *korste*) Kruste, *bastₐ* (mndl. *bersten*, mhd. *bresten*) bersten, *daŝₐ* (mndl. *derschen*) dreschen, *datₐx* (mndl. *dertich*, andd. *thritig*) dreissig, sowie einige Ortsnamen auf -dorf, z. B. *Ŝpɛilₐɔŏp* Speldorf, *Bötɔŏp, Kastɔŏp*.

Lebenslauf.

Am 4. Mai 1864 wurde ich zu Mülheim a. d. Ruhr als Sohn des Uhrmachers Josef Maurmann geboren. Bis zu meinem 12. Jahre besuchte ich die Elementarschule, und wurde dann nach kurzer privater Vorbereitung in die Quinta des Realgymnasiums (jetzigen Gymnasiums) meiner Vaterstadt aufgenommen. Nachdem ich dasselbe Ostern 1884 mit dem Zeugnis der Reife verlassen hatte, trieb ich ein Semester lang Griechisch, ehe ich zur Universität ging. Während der zurückgelegten sieben Studiensemester studierte ich, abgesehen von dem Winter 1885/86, den ich in Berlin zubrachte, in Marburg neuere Sprachen und vergleichende Sprachwissenschaft. Am 8. Mai 1888 bestand ich das Examen rigorosum. Seit dem 1. April vorigen Jahres bin ich als Hülfsarbeiter an Dr. WENKERS Sprachatlas des deutschen Reichs beschäftigt.

Vorlesungen hörte ich bei den Herren Professoren und Dozenten BERGMANN, HOFFORY, JUSTI, KAUFFMANN, KOCH, LENZ, LUCAE, OLDENBERG, RÖDIGER, SCHERER, SCHRÖDER, SCHWAN, STENGEL, STOSCH, TOBLER, VARRENTRAPP, VIETOR, ZUPITZA.